大方廣佛華嚴經 讀誦

38

✿ 일러두기

1. 『독송본 한문·한글역 대방광불화엄경』은 실차난타가 한역(695~699)한 80권 『대방광불화엄경』의 한문 원문과 한글역을 함께 수록한 것이다. 한문에는 음사와 현토를 부기하였다.

2. 원문의 저본은 고종 2년(1865) 월정사에서 인경한 고려대장경 『대방광불화엄경』에 한암 스님이 현토(1949년)한 것을 범룡 스님이 영인 출판(1990년)한 『대방광불화엄경』이다.

3. 한문은 저본에서 누락되었거나 글자가 다르다고 판단된 부분은 저본인 고려대장경 각권의 말미에 교감되어 있는 내용을 중심으로 하고 봉은사판 『대방광불화엄경수소연의초』와 신수대장경 각주에서 밝힌 교감본을 참조하여 보입하고 수정하였다.

4. 한글 번역은 동국역경원에서 발간한 한글 『대방광불화엄경』(운허)을 중심으로 하고 『신화엄경합론』(탄허)과 『대방광불화엄경 강설』(여천무비) 그리고 최근의 여타 번역본 등을 참조하였다.

5. 저본의 원문에서 이체자의 경우 흔글이 제공하는 이체자는 그대로 살리고 흔글이 제공하지 않는 글자는 통용되는 정자로 바꾸었다. 예) 間 → 閒 / 焰 → 燄 / 官 → 宮 / 偁 → 稱

6. 한글 번역은 독송과 사경을 위하여 정확성과 아울러 가독성을 고려하였다. 극존칭은 부처님과 불경계에 대해서만 사용하였다.

7. 독송본의 차례는 일러두기 → 본문 → 화엄경 목차 → 간행사의 순차이다.
   (법공양판에는 간행사 다음에 간행불사 동참자를 밝혀 두었다.)

8. 독송본의 한글역은 사경의 편의를 도모하기 위해 그 편집을 달리하여 『사경본 한글역 대방광불화엄경』으로 함께 간행한다. 독송본과 사경본 모두 80권 『대방광불화엄경』의 권별 목차 순으로 간행한다.

독송본 한문·한글역

대방광불화엄경 제38권
大方廣佛華嚴經 卷第三十八

26. 십지품 [5]

十地品 第二十六之五

실차난타 한역
수미해주 한글역

大方廣佛華嚴經卷第三十八變相

대방광불화엄경 제38권 변상도

대방광불화엄경
제 38 권

26. 십지품 [5]

대방광불화엄경 권제삼십팔
大方廣佛華嚴經 卷第三十八

십지품 제이십육지오
十地品 第二十六之五

시시천왕급천중
是時天王及天衆이

문차승행개환희
聞此勝行皆歡喜하야

위욕공양어여래
爲欲供養於如來와

급이무앙대보살
及以無央大菩薩하야

우묘화번급당개
雨妙華幡及幢蓋와

향만영락여보의
香鬘瓔珞與寶衣의

무량무변천만종
無量無邊千萬種하니

실이마니작엄식
悉以摩尼作嚴飾이로다

대방광불화엄경 제38권

26. 십지품 [5]

이때에 천왕과 천신 대중들이
이 수승한 행을 듣고 모두 환희하며
여래와 무수히 많은 큰보살들께
공양올리려 하여

미묘한 꽃과 깃발과 깃대와 일산과
향과 화만과 영락과 보배 옷의
한량없고 가없는 천만 가지를 비내리니
모두 마니로 장식하였다.

천녀동시주천악　　　　보발종종묘음성
天女同時奏天樂하야　　普發種種妙音聲하야

공양어불병불자　　　　공작시언이찬탄
供養於佛幷佛子하고　　共作是言而讚歎호대

일체견자양족존　　　　애민중생현신력
一切見者兩足尊이　　　哀愍衆生現神力하사

영차종종제천악　　　　보발묘음함득문
令此種種諸天樂으로　　普發妙音咸得聞이로다

어일모단백천억　　　　나유타국미진수
於一毛端百千億　　　　那由他國微塵數의

여시무량제여래　　　　어중안주설묘법
如是無量諸如來가　　　於中安住說妙法이로다

천녀들은 동시에 하늘 음악을 연주하여
갖가지 미묘한 음성을 널리 내어서
부처님과 불자들에게 공양올리며
함께 이 말을 하여 찬탄하였다.

"일체를 보시는 분, 양족존께서
중생을 불쌍히 여겨 위신력을 나타내시어
이 갖가지 모든 하늘 음악으로 하여금
미묘한 소리를 널리 내어 다 듣게 하시도다.

한 털끝에서 백천억
나유타 국토 미세한 티끌 수의
이러한 한량없는 모든 여래께서
그 가운데 편안히 머물러 미묘한 법을 설하시도다.

일모공내무량찰
一毛孔內無量刹에

각유사주급대해
各有四洲及大海하며

수미철위역부연
須彌鐵圍亦復然하야

실견재중무박애
悉見在中無迫隘로다

일모단처유육취
一毛端處有六趣하니

삼종악도급인천
三種惡道及人天과

제용신중아수라
諸龍神衆阿脩羅가

각수자업수과보
各隨自業受果報로다

어피일체찰토중
於彼一切刹土中에

실유여래연묘음
悉有如來演妙音하사

수순일체중생심
隨順一切衆生心하야

위전최상정법륜
爲轉最上淨法輪이로다

한 모공 안의 한량없는 세계에

각각 사주와 큰 바다가 있고

수미산과 철위산도 또한 다시 그러하여

그 안에 있어도 비좁지 않음을 다 보도다.

한 털끝에 여섯 갈래가 있으니

세 가지 나쁜 갈래와 인간과 천상과

모든 용들과 신중과 아수라가

각각 자신의 업을 따라 과보를 받도다.

저 일체 국토 가운데에

다 여래께서 계셔서 미묘한 음성을 펴시어

일체 중생의 마음을 따라

가장 높고 청정한 법륜을 굴리시도다.

찰중종종중생신
刹中種種衆生身이요

신중부유종종찰
身中復有種種刹하야

인천제취각각이
人天諸趣各各異어든

불실지이위설법
佛悉知已爲說法이로다

대찰수념변위소
大刹隨念變爲小하고

소찰수념역변대
小刹隨念亦變大하니

여시신통무유량
如是神通無有量이라

세간공설불능진
世間共說不能盡이로다

보발차등묘음성
普發此等妙音聲하야

칭찬여래공덕이
稱讚如來功德已하고

중회환희묵연주
衆會歡喜默然住하야

일심첨앙욕청설
一心瞻仰欲聽說이로다

세계 안에 갖가지 중생 몸 있고
몸 안에 다시 갖가지 세계가 있어
인간과 천상과 여러 갈래 각각 다른데
부처님께서 다 아시고 법을 설하시도다.

큰 세계가 생각을 따라 변하여 작게 되고
작은 세계가 생각을 따라 또한 크게 변하니
이와 같은 신통이 한량이 없어
세간이 함께 말해도 다할 수 없도다."

이러한 미묘한 음성을 널리 내어서
여래의 공덕을 찬탄하고는
모인 대중들이 환희하며 잠자코 머물러
일심으로 우러르며 설법을 듣고자 하였다.

시해탈월부청언
時解脫月復請言호대

금차중회개적정
今此衆會皆寂靜하니

원설수차지소입
願說隨次之所入인

제팔지중제행상
第八地中諸行相하소서

이시　금강장보살
爾時에 金剛藏菩薩이

고해탈월보살언
告解脫月菩薩言하시니라

불자　보살마하살
佛子야 菩薩摩訶薩이

어칠지중
於七地中에

선수습방편
善修習方便

혜
慧하며

선청정제도
善淸淨諸道하며

선집조도법
善集助道法하니라

대원력소섭
大願力所攝이며

여래력소가
如來力所加며

자선력소지
自善力所持며

그때에 해탈월이 다시 청하여 말씀드렸다.

"지금 여기 모인 대중들이 모두 적정하니
원컨대 다음에 들어갈 바를 따라
제8지의 모든 행상을 설하소서."

이때에 금강장 보살이 해탈월 보살에게 말씀
하였다.

"불자여, 보살마하살이 제7지에서 방편 지혜
를 잘 닦아 익히며, 모든 도를 잘 청정하게 하
며, 도를 돕는 법을 잘 모은다.

큰 원력으로 포섭한 바이며, 여래의 힘으로
가피한 바이며, 자기 선근의 힘으로 유지한 바

상념여래력무소외불공불법
常念如來力無所畏不共佛法하나라

선청정심심사각　　능성취복덕지혜　　대
善淸淨深心思覺하며 能成就福德智慧하며 大

자대비　불사중생　　입무량지도
慈大悲로 不捨衆生하며 入無量智道하나라

입일체법　본래무생무기무상무성무괴무
入一切法의 本來無生無起無相無成無壞無

진무전　　무성위성　　초중후제　　개실평등
盡無轉과 無性爲性과 初中後際가 皆悉平等과

무분별여여지지소입처
無分別如如智之所入處하나라

이일체심의식분별상　　무소취착　　유여허
離一切心意識分別想하야 無所取著이 猶如虛

이며, 여래의 힘과 두려울 바 없음과 함께 하지 않는 부처님의 법을 항상 생각한다.

깊은 마음으로 생각함을 잘 청정케 하며, 능히 복덕과 지혜를 성취하며, 대자대비로 중생을 버리지 않으며, 한량없는 지혜의 도에 들어간다.

일체 법의 본래 생겨남도 없고 일어남도 없고 모양도 없고 이름도 없고 무너짐도 없고 다함도 없고 옮아감도 없으며, 성품 없음으로 성품을 삼으며, 처음과 중간과 나중이 모두 다 평등하며, 분별이 없는 여여한 지혜로 들어갈 곳에 들어간다.

공　　입일체법여허공성　　시명득무생법
空하며 入一切法如虛空性하나니 是名得無生法

인
忍이니라

불자　보살　성취차인　　즉시　　득입제팔
佛子야 菩薩이 成就此忍하면 即時에 得入第八

부동지　　위심행보살　　난가지　무차별
不動地하야 爲深行菩薩하야 難可知며 無差別이며

이일체상　　일체상　　일체집착　　무량무
離一切相과 一切想과 一切執著이며 無量無

변　　일체성문벽지불　　소불능급　　이제
邊이며 一切聲聞辟支佛의 所不能及이며 離諸

훤쟁　　적멸현전
誼諍이며 寂滅現前이니라

일체 마음과 뜻과 식으로 분별하는 생각을 여의어 집착하는 바가 없음이 허공과 같으며, 일체 법의 허공과 같은 성품에 들어간다. 이것을 이름하여 무생법인을 얻었다고 한다.

불자여, 보살이 이 법인을 성취하면 즉시 제8 부동지에 들어가서 깊이 행하는 보살이 되니, 알기 어려우며, 차별이 없으며, 일체 모양과 일체 생각과 일체 집착을 여의며, 한량없고 가 없으며, 일체 성문과 벽지불이 미칠 수 없는 바이며, 모든 시끄러움을 여의어서 적멸이 앞에 나타난다.

비여비구　　구족신통　　　득심자재　　　차제
譬如比丘가　具足神通하고　得心自在하야　次第

내지입멸진정　　　일체동심억상분별　　실개
乃至入滅盡定하면　一切動心憶想分別이　悉皆

지식
止息인달하니라

차보살마하살　　역부여시　　　주부동지　　즉
此菩薩摩訶薩도　亦復如是하야　住不動地에　即

사일체공용행　　득무공용법　　　신구의업
捨一切功用行하고　得無功用法하야　身口意業의

염무개식　　주어보행
念務皆息하야　住於報行이니라

비여유인　　몽중견신　　타재대하　　위욕도
譬如有人이　夢中見身이　墮在大河하고　爲欲渡

고　　발대용맹　　시대방편　　이대용맹시
故로　發大勇猛하며　施大方便이라　以大勇猛施

비유하면 비구가 신통을 구족하고 마음이 자재하게 되어 차례로 내지 멸진정에 들어가면 일체 흔들리는 마음과 기억하는 분별이 모두 다 멈추어 쉬는 것과 같다.

이 보살마하살도 또한 다시 이와 같아서 부동지에 머무르면 곧 일체 공들여 작용하는 행을 버리고 공들여 작용함이 없는 법을 얻어서 몸과 입과 뜻의 업의 생각과 일이 모두 쉬어서 과보의 행에 머무른다.

비유하면 어떤 사람이 꿈에 몸이 큰 강에 빠져 있는 것을 보고 건너가고자 하는 까닭으로 큰 용맹을 내어 큰 방편을 베풀고, 큰 용맹으로

방편고　　　즉변교오　　　　기교오이　　　소작개
方便故로　即便覺寤하나니　旣覺寤已에　所作皆

식
息인달하니라

보살　　　역이　　　견중생신　　　재사류중　　　위구
菩薩도　亦爾하야　見衆生身이　在四流中하고　爲救

도고　　　발대용맹　　　기대정진　　　이용맹정
度故로　發大勇猛하며　起大精進이라　以勇猛精

진고　　　지부동지　　　기지차이　　　일체공용
進故로　至不動地하나니　旣至此已에　一切功用이

미불개식　　　이행상행　　　실불현전
靡不皆息하야　二行相行이　悉不現前이니라

불자　　　여생범세　　　욕계번뇌　　　개불현전
佛子야　如生梵世에　欲界煩惱가　皆不現前인달하야

주부동지　　　역부여시　　　일체심의식행　　　개
住不動地도　亦復如是하야　一切心意識行이　皆

방편을 베푼 까닭으로 곧바로 깨게 되니, 이미 꿈을 깨고는 하던 일을 모두 쉬는 것과 같다.

보살도 또한 그러하여 중생의 몸이 네 가지 폭류에 있음을 보고 제도하기 위한 까닭으로 큰 용맹을 내어 큰 정진을 일으키고, 용맹으로 정진한 까닭으로 부동지에 이르니, 이미 여기에 이르고는 일체 공들여 작용함이 모두 쉬지 않음이 없어서 두 가지 행과 형상 있는 행이 다 앞에 나타나지 않는다.

불자여, 마치 범천 세계에 태어나면 욕계의 번뇌가 모두 앞에 나타나지 않는 것과 같이, 부동지에 머무르는 것도 또한 다시 이와 같아

불현전
不現前하나니라

차보살마하살 보살심 불심 보리심 열
此菩薩摩訶薩이 菩薩心과 佛心과 菩提心과 涅

반심 상불현기 황부기어세간지심
槃心도 尙不現起어든 況復起於世間之心이리오

불자 차지보살 본원력고 제불세존 친
佛子야 此地菩薩의 本願力故로 諸佛世尊이 親

현기전 여여래지 영기득입법류문
現其前하사 與如來智하야 令其得入法流門

중 작여시언
中케하고 作如是言하시니라

서 일체 마음과 뜻과 식의 행이 모두 앞에 나타나지 않는다.

이 보살마하살이 보살의 마음과 부처님의 마음과 보리의 마음과 열반의 마음도 오히려 나타내 일으키지 않는데, 하물며 다시 세간의 마음을 일으키겠는가?

불자여, 이 지위의 보살은 본래의 원력인 까닭으로 모든 부처님 세존께서 친히 그 앞에 나타나 여래의 지혜를 주서서, 그가 법의 흐름의 문에 들어가게 하시고는 이와 같은 말씀을 하셨다.

선재선재 　선남자 　차인 　제일 　순제불
善哉善哉라 善男子야 此忍이 第一이라 順諸佛

법 　　　연 　선남자 　아등소유십력무외
法이어니와 然이나 善男子야 我等所有十力無畏

십팔불공제불지법 　여금미득 　여응위욕
十八不共諸佛之法은 汝今未得이니 汝應爲欲

성취차법 　근가정진 　물부방사어차인
成就此法인댄 勤加精進하야 勿復放捨於此忍

문
門이니라

우선남자 　여수득시적멸해탈 　연제범
又善男子야 汝雖得是寂滅解脫이나 然諸凡

부 　미능증득 　종종번뇌 　개실현전
夫는 未能證得하야 種種煩惱가 皆悉現前하며

종종각관 　상상침해 　여당민념여시중
種種覺觀이 常相侵害하나니 汝當愍念如是衆

'훌륭하고 훌륭하도다, 선남자여. 이 법인이 제일이니 모든 부처님의 법을 수순하는 것이다. 그러나 선남자여, 우리가 가지고 있는 열 가지 힘과 두려움 없음과 열여덟 가지 함께 하지 않는 모든 부처님의 법은 그대가 지금 아직 얻지 못하였으니, 그대가 마땅히 이 법을 성취하고자 한다면 부지런히 더 정진하여 이 법인의 문을 다시 놓아버리지 말도록 하라.

또 선남자여, 그대는 비록 이 적멸한 해탈을 얻었지만 그러나 모든 범부들은 아직 능히 증득하지 못하여 갖가지 번뇌가 모두 다 앞에 나타나며, 갖가지 거친 생각과 미세한 생각이

생
生이니라

우선남자　여당억념본소서원　　보대요
又善男子야 汝當憶念本所誓願하야 普大饒

익일체중생　　개령득입불가사의지혜지
益一切衆生하야 皆令得入不可思議智慧之

문
門이니라

우선남자　차제법법성　약불출세　　약
又善男子야 此諸法法性은 若佛出世어나 若

불출세　상주불이　제불　불이득차법고
不出世에 常住不異니 諸佛이 不以得此法故로

명위여래　일체이승　역능득차무분별
名爲如來라 一切二乘도 亦能得此無分別

법
法이니라

항상 서로 침해하니, 그대는 마땅히 이와 같은 중생들을 불쌍하게 생각하도록 하라.

또 선남자여, 그대는 마땅히 본래 서원한 바를 기억하고 일체 중생을 널리 크게 이익케 하여 불가사의한 지혜의 문에 들어가게 하라.

또 선남자여, 이 모든 법과 법의 성품은 부처님께서 세상에 나셨거나 세상에 나지 않으셨거나 항상 머물러 다르지 아니하며, 모든 부처님께서 이 법을 얻으신 까닭으로 여래라고 이름하는 것이 아니니, 일체 이승도 또한 능히 이 분별없는 법을 얻는다.

또 선남자여, 그대는 우리의 몸의 모양이 한

우선남자 여관아등 신상무량 지혜무량
又善男子야 汝觀我等의 身相無量과 智慧無量과

국토무량 방편무량 광명무량 청정음성
國土無量과 方便無量과 光明無量과 淸淨音聲도

역무유량 여금의응성취차사
亦無有量하야 汝今宜應成就此事니라

우선남자 여금적득차일법명 소위일체
又善男子야 汝今適得此一法明하니 所謂一切

법무생무분별 선남자 여래법명 무
法無生無分別이어니와 善男子야 如來法明은 無

량입 무량작 무량전 내지백천억나
量入이며 無量作이며 無量轉일새 乃至百千億那

유타겁 불가득지 여응수행 성취차
由他劫에도 不可得知니 汝應修行하야 成就此

법
法이니라

량없음과, 지혜가 한량없음과, 국토가 한량없음과, 방편이 한량없음과, 광명이 한량없음과, 청정한 음성도 또한 한량없음을 관하니, 그대는 이제 마땅히 이 일을 성취하도록 하라.

또 선남자여, 그대는 이제 마침 이 한 가지 법의 밝음을 얻었으니, 이른바 일체 법의 생겨남이 없고 분별이 없음이다. 선남자여, 여래의 법의 밝음은 한량없이 들어가며, 한량없이 작용하며, 한량없이 굴러가서 내지 백천억 나유타 겁에도 알 수 없으니, 그대는 마땅히 수행하여 이 법을 성취하도록 하라.

또 선남자여, 그대는 시방의 한량없는 국토

우선남자　여관시방무량국토　무량중생
又善男子야 汝觀十方無量國土와 無量衆生과

무량법종종차별　실응여실통달기사
無量法種種差別하야 悉應如實通達其事니라

불자　제불세존　여차보살여시등무량기
佛子야 諸佛世尊이 與此菩薩如是等無量起

지문　영기능기무량무변차별지업
智門하사 令其能起無量無邊差別智業하나니라

불자　약제불　불여차보살기지문자
佛子야 若諸佛이 不與此菩薩起智門者인댄

피시　즉입구경열반　기사일체이중생
彼時에 即入究竟涅槃하야 棄捨一切利衆生

업　이제불　여여시등무량무변기지문
業이어니와 以諸佛이 與如是等無量無邊起智門

와 한량없는 중생과 한량없는 법의 갖가지 차별을 관하여, 모두 마땅히 사실대로 그 일을 통달해야 한다.'

불자여, 모든 부처님 세존께서 이 보살에게 이와 같은 등 한량없이 지혜를 일으키는 문을 주시어, 그로 하여금 한량없고 가없는 차별한 지혜의 업을 일으키게 하신다.

불자여, 만약 모든 부처님께서 이 보살에게 지혜를 일으키는 문을 주지 아니하셨으면 그때에 곧 구경 열반에 들어서 일체 중생을 이익케 하는 업을 버렸을 것이다. 모든 부처님께서

고　어일념경　소생지업　종초발심　　내지
故로 於一念頃에 所生智業이 從初發心으로 乃至

칠지　소수제행　　백분　불급일　　내지
七地의 所修諸行으로 百分에 不及一이며 乃至

백천억나유타분　　역불급일　　여시아승
百千億那由他分에도 亦不及一이며 如是阿僧

지분　가라분　산수분　비유분　우파니사
祇分과 歌羅分과 筭數分과 譬諭分과 優波尼沙

타분　　역불급일
陀分에도 亦不及一이니라

하이고
何以故오

불자　시보살　선이일신　　기행　　　금
佛子야 是菩薩이 先以一身으로 起行이어니와 今

주차지　　　득무량신　무량음성　무량지
住此地하야는 得無量身과 無量音聲과 無量智

이와 같은 등 한량없고 가없이 지혜를 일으키는 문을 주신 까닭으로 한 생각 사이에 내는 지혜의 업에 처음 발심함으로부터 내지 7지의 닦은 바 모든 행으로는 백분의 하나에 미치지 못하고, 내지 백천억 나유타분의 하나에도 미치지 못하며, 이와 같이 아승지분과 가라분과 산수분과 비유분과 우파니사타분의 하나에도 미치지 못한다.

무슨 까닭인가?

불자여, 이 보살이 먼저는 한 몸으로 행을 일으켰으나, 이제 이 지위에 머물러서는 한량없는 몸과 한량없는 음성과 한량없는 지혜와

혜　　무량수생　　무량정국　　교화무량중
慧와 無量受生과 無量淨國하야 敎化無量衆

생　　공양무량제불　　입무량법문　　구무
生하며 供養無量諸佛하며 入無量法門하며 具無

량신통　　유무량중회도량차별　　주무량
量神通하며 有無量衆會道場差別하며 住無量

신어의업　　집일체보살행　　이부동법
身語意業하야 集一切菩薩行하나니 以不動法

고
故니라

불자　비여승선　　욕입대해　미지어
佛子야 譬如乘船하고 欲入大海에 未至於

해　　다용공력　　약지해이　　단수
海하야는 多用功力이어니와 若至海已하야는 但隨

풍거　불가인력　　이지대해일일소행
風去하고 不假人力하나니 以至大海一日所行으로

16

한량없는 태어남과 한량없는 깨끗한 국토를 얻어서 한량없는 중생들을 교화하며, 한량없는 모든 부처님께 공양올리며, 한량없는 법문에 들어가며, 한량없는 신통을 갖추며, 한량없는 대중모임 도량의 차별을 가지며, 한량없는 몸과 말과 뜻의 업에 머물러서, 일체 보살의 행을 모으니 움직이지 않는 법으로써 하는 까닭이다.

불자여, 비유하면 배를 타고 큰 바다에 들어가고자 함에, 아직 바다에 이르지 못하여서는 공력을 많이 쓰지만 만약 바다에 이르러서는 단지 바람을 따라 갈 뿐이고 사람의 힘을 빌

비어미지   기미지시   설경백세   역불능
比於未至하면 其未至時에 設經百歲라도 亦不能

급
及인달하니라

불자   보살마하살   역부여시   적집광대
佛子야 菩薩摩訶薩도 亦復如是하야 積集廣大

선근자량   승대승선   도보살행해   어
善根資粮하야 乘大乘船하고 到菩薩行海하야 於

일념경   이무공용지   입일체지지경계
一念頃에 以無功用智로 入一切智智境界하나니

본유공용행   경어무량백천억나유타겁
本有功用行은 經於無量百千億那由他劫이라도

소불능급
所不能及이니라

리지 아니하니, 큰 바다에 이르러 하루 동안 간 것으로 이르지 못한 것에 비교하면 그 이르지 못하였을 때는 설령 백 년을 지나더라도 또한 미칠 수 없는 것과 같다.

불자여, 보살마하살도 또한 다시 이와 같아서 광대한 선근의 자량을 쌓아 모아 대승의 배를 타고 보살행의 바다에 이르면 한 생각 사이에 공들여 작용함이 없는 지혜로 일체지의 지혜 경계에 들어가니, 본래의 공들여 작용함이 있는 행으로는 한량없는 백천억 나유타 겁을 지나더라도 미칠 수 없다.

불자　보살　주차제팔지　이대방편선교지
佛子야 菩薩이 住此第八地에 以大方便善巧智의

소기무공용각혜　관일체지지소행경
所起無功用覺慧로 觀一切智智所行境하나니라

소위관세간성　관세간괴　유차업집고
所謂觀世間成하며 觀世間壞호대 由此業集故로

성　유차업진고　괴　기시성　기시괴　기
成과 由此業盡故로 壞와 幾時成과 幾時壞와 幾

시성주　기시괴주　개여실지　우지지계
時成住와 幾時壞住를 皆如實知하며 又知地界의

소상대상　무량상차별상　지수화풍계
小相大相과 無量相差別相하며 知水火風界의

소상대상　무량상차별상　지미진　세상
小相大相과 無量相差別相하며 知微塵의 細相

차별상　무량차별상
差別相과 無量差別相하니라

불자여, 보살이 이 제8지에 머물러 큰 방편 선교의 지혜로 일으킨 바 공들여 작용함이 없는 깨달음의 지혜로써 일체지의 지혜로 행하는 바 경계를 관찰한다.

이른바 세간의 이루어짐을 관찰하고 세간이 무너짐을 관찰하되, 이 업이 모인 까닭으로 이루어지고 이 업이 다한 까닭으로 무너짐과, 언제 이루어지고 언제 무너짐과, 얼마 동안 이루어져 머무르고 얼마 동안 무너져 머무름을 모두 사실대로 안다. 또 땅 경계의 작은 모양과 큰 모양과 한량없는 모양과 차별한 모양을 알며, 물과 불과 바람 경계의 작은 모양과 큰 모

수하세계중　　소유미진취　　급미진차별
隨何世界中하야 所有微塵聚와 及微塵差別

상　개여실지　　수하세계중　　소유지수
相을 皆如實知하며 隨何世界中하야 所有地水

화풍계　각약간미진　소유보물　약간미
火風界의 各若干微塵과 所有寶物의 若干微

진　중생신　약간미진　국토신　약간미
塵과 衆生身의 若干微塵과 國土身의 若干微

진　개여실지
塵을 皆如實知하나라

지중생대신소신　각약간미진성　　지지옥
知衆生大身小身의 各若干微塵成하며 知地獄

신축생신아귀신아수라신천신인신　각약
身畜生身餓鬼身阿脩羅身天身人身의 各若

간미진성　　득여시지미진차별지
干微塵成하야 得如是知微塵差別智하나라

양과 한량없는 모양과 차별한 모양을 알며, 미세한 티끌의 미세한 모양과 차별한 모양과 한량없이 차별한 모양을 안다.

어떤 세계에 있는 바 미세한 티끌의 무더기와 미세한 티끌의 차별한 모양을 모두 사실대로 안다. 어떤 세계에 있는 바 땅과 물과 불과 바람 경계의 각각 약간의 미세한 티끌과, 있는 바 보물의 약간의 미세한 티끌과, 중생의 몸의 약간의 미세한 티끌과, 국토의 몸의 약간의 미세한 티끌을 모두 사실대로 안다.

중생의 큰 몸과 작은 몸이 각각 약간의 미세한 티끌로 이루어짐을 알며, 지옥의 몸과 축생

우지욕계색계무색계성 　 지욕계색계무색
又知欲界色界無色界成하며 知欲界色界無色

계괴 　 지욕계색계무색계소상대상 　 무량
界壞하며 知欲界色界無色界小相大相과 無量

상차별상 　 득여시관삼계차별지
相差別相하야 得如是觀三界差別智니라

불자 　 차보살 　 부기지명 　 교화중생
佛子야 此菩薩이 復起智明하야 敎化衆生하나니

소위선지중생신차별 　 선분별중생신
所謂善知衆生身差別하며 善分別衆生身하며

선관찰소생처 　 수기소응 　 이위현신
善觀察所生處하야 隨其所應하야 而爲現身하야

교화성숙
敎化成熟이니라

차보살 　 어일삼천대천세계 　 수중생신신
此菩薩이 於一三千大千世界에 隨衆生身信

의 몸과 아귀의 몸과 아수라의 몸과 천신의 몸과 인간의 몸이 각각 약간의 미세한 티끌로 이루어짐을 알아서, 이와 같이 미세한 티끌의 차별을 아는 지혜를 얻는다.

또 욕계와 색계와 무색계의 이루어짐을 알며, 욕계와 색계와 무색계의 무너짐을 알며, 욕계와 색계와 무색계의 작은 모양과 큰 모양과 한량없는 모양과 차별한 모양을 알아서, 이와 같이 삼계의 차별을 관찰하는 지혜를 얻는다.

불자여, 이 보살이 다시 지혜의 광명을 일으켜서 중생을 교화한다. 이른바 중생의 몸의 차별을 잘 알며, 중생의 몸을 잘 분별하며, 태

해 차 별　　이 지 광 명　　보 현 수 생　　여 시 약
解差別하야　以智光明으로　普現受生하며　如是若

이약삼　　내지백천　　내지불가설삼천대천
二若三과　乃至百千과　乃至不可說三千大千

세 계　　수 중 생 신 신 해 차 별　　보 어 기 중　　시
世界에　隨衆生身信解差別하야　普於其中에　示

현 수 생
現受生하나니라

차 보 살　　성 취 여 시 지 혜 고　　어 일 불 찰　　기 신
此菩薩이　成就如是智慧故로　於一佛刹에　其身

부 동　　내 지 불 가 설 불 찰 중 회 중　　실 현 기
不動하고　乃至不可說佛刹衆會中에　悉現其

신
身이니라

어나는 곳을 잘 관찰하여 그 마땅한 바를 따라서 몸을 나타내어 교화하고 성숙케 한다.

이 보살이 한 삼천대천세계에서 중생의 몸과 믿음과 이해의 차별을 따라 지혜의 광명으로 태어남을 널리 나타내며, 이와 같이 둘·셋 내지 백천과 내지 말할 수 없는 삼천대천세계에서 중생의 몸과 믿음과 이해의 차별을 따라 널리 그 가운데 태어남을 나타내 보인다.

이 보살이 이와 같은 지혜를 성취하는 까닭으로 한 부처님 세계에서 그 몸이 움직이지 아니하고 내지 말할 수 없는 부처님 세계의 대중 모임 가운데 다 그 몸을 나타낸다.

불자　차보살　수제중생　신심신해종종차
佛子야 此菩薩이 隨諸衆生의 身心信解種種差

별　어피불국중회지중　이현기신
別하야 於彼佛國衆會之中에 而現其身하나니라

소위어사문중중　시사문형　바라문중중
所謂於沙門衆中에 示沙門形하며 婆羅門衆中에

시바라문형　찰리중중　시찰리형　여
示婆羅門形하며 刹利衆中에 示刹利形하며 如

시비사중　수타중　거사중　사천왕중
是毗舍衆과 首陀衆과 居士衆과 四天王衆과

삼십삼천중　야마천중　도솔타천중　화락
三十三天衆과 夜摩天衆과 兜率陀天衆과 化樂

천중　타화자재천중　마중　범중　내지아
天衆과 他化自在天衆과 魔衆과 梵衆과 乃至阿

가니타천중중　각수기류　이위현형
迦尼吒天衆中에 各隨其類하야 而爲現形하나니라

불자여, 이 보살이 모든 중생들의 몸과 마음과 믿음과 이해의 갖가지 차별을 따라서 그 부처님 나라의 대중모임 가운데 그 몸을 나타낸다.

이른바 사문 대중 가운데서는 사문의 형상을 보이며, 바라문 대중 가운데서는 바라문의 형상을 보이며, 찰제리 대중 가운데서는 찰제리의 형상을 나타낸다. 이와 같이 비사 대중과, 수타 대중과, 거사 대중과, 사천왕 대중과, 삼십삼천 대중과, 야마천 대중과, 도솔타천 대중과, 화락천 대중과, 타화자재천 대중과, 마군 대중과, 범천 대중과, 내지 아가니타천 대중 가운데서도 각각 그 부류를 따라서 형상을 나타낸다.

우응이성문신득도자　　현성문형　　　응이벽
又應以聲聞身得度者는 現聲聞形하며 應以辟

지불신득도자　　현벽지불형　　　응이보살신
支佛身得度者는 現辟支佛形하며 應以菩薩身

득도자　　현보살형　　　응이여래신득도자
得度者는 現菩薩形하며 應以如來身得度者는

현여래형
現如來形이니라

불자　　보살　　여시어일체불가설불국토중
佛子야 菩薩이 如是於一切不可說佛國土中에

수제중생　　신락차별　　　여시여시이위현
隨諸衆生의 信樂差別하야 如是如是而爲現

신
身이니라

또 마땅히 성문의 몸으로 득도할 자에게는 성문의 형상을 나타내며, 마땅히 벽지불의 몸으로 득도할 자에게는 벽지불의 형상을 나타내며, 마땅히 보살의 몸으로 득도할 자에게는 보살의 형상을 나타내며, 마땅히 여래의 몸으로 득도할 자에게는 여래의 형상을 나타낸다.

불자여, 보살이 이와 같이 일체 말할 수 없는 부처님 국토에서 모든 중생들의 믿음과 즐거함의 차별을 따라서 이와 같고 이와 같이 몸을 나타낸다.

불자   차보살   원리일체신상분별   주어
佛子야 **此菩薩**이 **遠離一切身想分別**하야 **住於**

평등
平等하니라

차보살   지중생신   국토신   업보신   성문
此菩薩이 **知衆生身**과 **國土身**과 **業報身**과 **聲聞**

신   독각신   보살신   여래신   지신   법신
身과 **獨覺身**과 **菩薩身**과 **如來身**과 **智身**과 **法身**과

허공신
虛空身하니라

차보살   지제중생심지소락   능이중생
此菩薩이 **知諸衆生心之所樂**하야 **能以衆生**

신   작자신   역작국토신   업보신   내
身으로 **作自身**하고 **亦作國土身**과 **業報身**과 **乃**

지허공신
至虛空身하니라

불자여, 이 보살이 일체 몸이라는 생각과 분별을 멀리 여의고 평등에 머무른다.

이 보살이 중생의 몸과 국토의 몸과 업보의 몸과 성문의 몸과 독각의 몸과 보살의 몸과 여래의 몸과 지혜의 몸과 법의 몸과 허공의 몸을 안다.

이 보살이 모든 중생들의 마음에 즐겨하는 바를 알아서, 능히 중생의 몸으로 자기의 몸을 짓고 또한 국토의 몸과 업보의 몸과 내지 허공의 몸을 짓는다.

또 중생들의 마음에 즐겨하는 바를 알아서, 능히 국토의 몸으로 자기의 몸을 짓고 또한 중생

우지중생심지소락　　능이국토신　　작자
又知衆生心之所樂하야 能以國土身으로 作自

신　　역작중생신　　업보신　　내지허공신
身하고 亦作衆生身과 業報身과 乃至虛空身하니라

우지제중생심지소락　　능이업보신　　작
又知諸衆生心之所樂하야 能以業報身으로 作

자신　　역작중생신　　국토신　　내지허공
自身하고 亦作衆生身과 國土身과 乃至虛空

신
身하니라

우지중생심지소락　　능이자신　　작중생
又知衆生心之所樂하야 能以自身으로 作衆生

신　국토신　내지허공신
身과 國土身과 乃至虛空身하나니라

수제중생　소락부동　즉어차신　현여시
隨諸衆生의 所樂不同하야 則於此身에 現如是

의 몸과 업보의 몸과 내지 허공의 몸을 짓는다.

또 모든 중생들의 마음에 즐겨하는 바를 알아서, 능히 업보의 몸으로 자기의 몸을 짓고 또한 중생의 몸과 국토의 몸과 내지 허공의 몸을 짓는다.

또 중생들의 마음에 즐겨하는 바를 알아서, 능히 자기의 몸으로 중생의 몸과 국토의 몸과 내지 허공의 몸을 짓는다.

모든 중생들의 즐겨하는 바가 같지 않음을 따라서 이 몸에 이와 같은 형상을 나타낸다.

이 보살이 중생의 업이 모인 몸과, 과보의 몸과, 번뇌의 몸과, 형상 있는 몸과, 형상 없는

형
形이니라

차보살　　지중생　　집업신　　보신　　번뇌신
此菩薩이　知衆生의　集業身과　報身과　煩惱身과

색신　　무색신
色身과　無色身하나니라

우지국토신　　소상대상　　무량상　　염상정
又知國土身의　小相大相과　無量相과　染相淨

상　　광상　　도주상　　정주상　　보입상　　방망
相과　廣相과　倒住相과　正住相과　普入相과　方網

차별상
差別相하나니라

지업보신　　가명차별　　지성문신　　독각신
知業報身의　假名差別하며　知聲聞身과　獨覺身과

보살신　　가명차별
菩薩身의　假名差別하나니라

몸을 안다.

또 국토의 몸의 작은 모양과, 큰 모양과, 한량없는 모양과, 더러운 모양과, 깨끗한 모양과, 넓은 모양과, 거꾸로 있는 모양과, 바로 있는 모양과, 널리 들어간 모양과, 방위 그물의 차별한 모양을 안다.

업보의 몸의 거짓 이름이 차별함을 알며, 성문의 몸과 독각의 몸과 보살의 몸의 거짓 이름이 차별함을 안다.

여래의 몸에 보리의 몸과, 서원의 몸과, 변화의 몸과, 힘으로 유지하는 몸과, 상호로 장엄한 몸과, 위엄있는 세력의 몸과, 뜻대로 나는

지여래신 유보리신 원신 화신 역지신
知如來身의 有菩提身과 願身과 化身과 力持身과

상호장엄신 위세신 의생신 복덕신 법
相好莊嚴身과 威勢身과 意生身과 福德身과 法

신 지신
身과 智身하니라

지지신 선사량상 여실결택상 과행소섭
知智身의 善思量相과 如實決擇相과 果行所攝

상 세간출세간차별상 삼승차별상 공상
相과 世間出世間差別相과 三乘差別相과 共相

불공상 출리상비출리상 학상무학상
不共相과 出離相非出離相과 學相無學相하니라

지법신 평등상 불괴상 수시수속가명차
知法身의 平等相과 不壞相과 隨時隨俗假名差

별상 중생비중생법차별상 불법성승법
別相과 衆生非衆生法差別相과 佛法聖僧法

27

몸과, 복덕의 몸과, 법의 몸과, 지혜의 몸이 있음을 안다.

지혜의 몸의 잘 생각하는 모양과, 사실대로 결정하는 모양과, 결과의 행에 거두어지는 모양과, 세간·출세간의 차별한 모양과, 삼승의 차별한 모양과, 함께 하는 모양과, 함께 하지 않는 모양과, 벗어난 모양과, 벗어나지 않은 모양과, 배우는 모양과, 배울 것 없는 모양을 안다.

법의 몸의 평등한 모양과, 무너지지 않는 모양과, 때를 따르고 세속을 따른 거짓 이름이 차별한 모양과, 중생과 중생 아닌 법의 차별한 모양과, 부처님의 법과 거룩한 스님의 법의 차

차별상
差別相하니라

지허공신　무량상　주변상　무형상　무이
知虛空身의 無量相과 周徧相과 無形相과 無異

상　무변상　현현색신상
相과 無邊相과 顯現色身相이니라

불자　보살　성취여시신지이　득명자재
佛子야 菩薩이 成就如是身智已에 得命自在와

심자재　재자재　업자재　생자재　원자재
心自在와 財自在와 業自在와 生自在와 願自在와

해자재　여의자재　지자재　법자재
解自在와 如意自在와 智自在와 法自在하나니라

별한 모양을 안다.

허공의 몸의 한량없는 모양과, 널리 두루한 모양과, 형상 없는 모양과, 다름없는 모양과, 가없는 모양과, 색의 몸을 나타내는 모양을 안다.

불자여, 보살이 이와 같은 몸의 지혜를 성취하고는 목숨에 자재하고, 마음에 자재하고, 재물에 자재하고, 업에 자재하고, 태어남에 자재하고, 서원에 자재하고, 이해에 자재하고, 뜻대로 함에 자재하고, 지혜에 자재하고, 법에 자재함을 얻는다.

득차십자재고　즉위부사의지자　무량지
得此十自在故로 則爲不思議智者와 無量智

자　광대지자　무능괴지자
者와 廣大智者와 無能壞智者니라

차보살　여시입이　여시성취이　득필경
此菩薩이 如是入已하며 如是成就已에 得畢竟

무과실신업　무과실어업　무과실의업
無過失身業과 無過失語業과 無過失意業하야

신어의업　수지혜행
身語意業이 隨智慧行하니라

반야바라밀　증상　대비위수　방편선교
般若波羅蜜이 增上에 大悲爲首하야 方便善巧로

선능분별　선기대원　불력소호　상근
善能分別하며 善起大願하야 佛力所護며 常勤

수습이중생지　보주무변차별세계
修習利衆生智하야 普住無邊差別世界하나니라

이 열 가지 자재함을 얻은 까닭으로 부사의한 지혜를 지닌 자·한량없는 지혜를 지닌 자·광대한 지혜를 지닌 자·무너뜨릴 수 없는 지혜를 지닌 자가 된다.

이 보살이 이와 같이 들어가고 이와 같이 성취하고는 끝까지 허물없는 몸의 업과 허물없는 말의 업과 허물없는 뜻의 업을 얻어서 몸과 말과 뜻의 업이 지혜를 따라 행한다.

반야바라밀이 늘어남에 대비로 으뜸을 삼아 방편 선교로 잘 능히 분별하며, 큰 서원을 잘 일으키고, 부처님의 힘으로 보호함이 되며, 중생을 이익되게 하는 지혜를 항상 부지런히 닦

불자 거요언지 보살 주차부동지 신
佛子야 擧要言之컨댄 菩薩이 住此不動地에 身

어의업 제유소작 개능적집일체불법
語意業의 諸有所作이 皆能積集一切佛法이니라

불자 보살 주차지 득선주심심력 일
佛子야 菩薩이 住此地에 得善住深心力하나니 一

체번뇌 불행고 득선주승심력 불리
切煩惱가 不行故며 得善住勝心力하나니 不離

어도고 득선주대비력 불사이익중생
於道故며 得善住大悲力하나니 不捨利益衆生

고 득선주대자력 구호일체세간고
故며 得善住大慈力하나니 救護一切世間故며

득선주다라니력 불망어법고
得善住陀羅尼力하나니 不忘於法故니라

득선주변재력 선관찰분별일체법고
得善住辯才力하나니 善觀察分別一切法故며

아 익히며, 가없는 차별한 세계에 널리 머무른다.

불자여, 중요한 점을 들어 말하면 보살이 이 부동지에 머무름에 몸과 말과 뜻의 업으로 하는 모든 것이 모두 능히 일체 부처님의 법을 쌓아 모은다.

불자여, 보살이 이 지위에 머무르고는 깊은 마음에 잘 머무른 힘을 얻으니 일체 번뇌가 행하지 않는 까닭이며, 수승한 마음에 잘 머무른 힘을 얻으니 도를 여의지 않는 까닭이며, 대비에 잘 머무른 힘을 얻으니 중생을 이익되게 함을 버리지 않는 까닭이며, 대자에 잘 머무른 힘을 얻으니 일체 세간을 구호하는 까닭

득선주신통력　　　보왕무변세계고　　득선
得善住神通力하나니 **普往無邊世界故**며 **得善**

주대원력　　　불사일체보살소작고　　득선
住大願力하나니 **不捨一切菩薩所作故**며 **得善**

주바라밀력　　　성취일체불법고　　득여래
住波羅蜜力하나니 **成就一切佛法故**며 **得如來**

호념력　　　일체종일체지지　　현전고
護念力하나니 **一切種一切智智**가 **現前故**니라

차보살　　득여시지력　　　능현일체제소작
此菩薩이 **得如是智力**하야 **能現一切諸所作**

사　　　어제사중　　무유과구
事호대 **於諸事中**에 **無有過咎**니라

이며, 다라니에 잘 머무른 힘을 얻으니 법을 잊지 않는 까닭이다.

변재에 잘 머무른 힘을 얻으니 일체 법을 잘 관찰하고 분별하는 까닭이며, 신통에 잘 머무른 힘을 얻으니 가없는 세계에 두루 가는 까닭이며, 큰 서원에 잘 머무른 힘을 얻으니 일체 보살의 짓는 바를 버리지 않는 까닭이며, 바라밀에 잘 머무른 힘을 얻으니 일체 부처님의 법을 성취하는 까닭이며, 여래의 호념하신 힘을 얻으니 일체종과 일체지의 지혜가 현전하는 까닭이다.

이 보살이 이와 같은 지혜의 힘을 얻어 일체

불자　차보살지지　명위부동지　무능저괴
佛子야 此菩薩智地가 名爲不動地니 無能沮壞

고
故니라

명위불퇴전지　지혜무퇴고　명위난득지
名爲不退轉地니 智慧無退故며 名爲難得地니

일체세간　무능측고
一切世間이 無能測故니라

명위동진지　이일체과실고　명위생지　수
名爲童眞地니 離一切過失故며 名爲生地니 隨

락자재고
樂自在故니라

명위성지　갱무소작고　명위구경지　지혜
名爲成地니 更無所作故며 名爲究竟地니 智慧

결정고
決定故니라

모든 지어야 할 일을 능히 나타내며 모든 일에 허물이 없다.

  불자여, 이 보살의 지혜의 지위를 부동지라 이름하니 깨뜨릴 수 없는 까닭이다.

  불퇴전지라 이름하니 지혜가 물러남이 없는 까닭이며, 난득지라 이름하니 일체 세간이 헤아릴 수 없는 까닭이다.

  동진지라 이름하니 일체 허물을 여읜 까닭이며, 내는 지라 이름하니 따라 즐거워함이 자재한 까닭이다.

명위변화지　수원성취고　명위역지지　타
名爲變化地니 隨願成就故며 名爲力持地니 他

불능동고
不能動故니라

명위무공용지　선이성취고
名爲無功用地니 先已成就故니라

불자　보살　성취여시지혜　입불경계
佛子야 菩薩이 成就如是智慧에 入佛境界하며

불공덕조　　순불위의　　불경현전　　상위
佛功德照하며 順佛威儀하며 佛境現前하야 常爲

여래지소호념　　범석사왕　금강력사　상
如來之所護念하며 梵釋四王과 金剛力士가 常

수시위
隨侍衛하나라

이루어진 지라 이름하니 다시 지을 것이 없는 까닭이며, 구경지라 이름하니 지혜가 결정한 까닭이다.

변화하는 지라 이름하니 서원을 따라 성취하는 까닭이며, 힘으로 유지하는 지라 이름하니 다른 이가 움직일 수 없는 까닭이다.

공들여 작용함이 없는 지라 이름하니 앞서 이미 성취한 까닭이다.

불자여, 보살이 이와 같은 지혜를 성취하여 부처님의 경계에 들어가며, 부처님의 공덕을 비추며, 부처님의 위의를 따르며, 부처님의 경

항불사리제대삼매　　능현무량제신차별
恒不捨離諸大三昧하며 能現無量諸身差別호대

어일일신　유대세력
於一一身에 有大勢力하니라

보득신통　　삼매자재　　수유가화중생지
報得神通하며 三昧自在하며 隨有可化衆生之

처　　시성정각
處하야 示成正覺하나니라

불자　보살　여시입대승회　　획대신통
佛子야 菩薩이 如是入大乘會하야 獲大神通하며

방대광명
放大光明하니라

입무애법계　　지세계차별　　시현일체제
入無礙法界하며 知世界差別하며 示現一切諸

대공덕
大功德하니라

계가 앞에 나타나며, 항상 여래의 호념하시는 바가 되며, 범천과 제석천과 사천왕과 금강역사가 항상 따라 모시고 호위한다.

모든 큰 삼매를 항상 버리고 여의지 아니하며, 한량없는 모든 몸의 차별을 능히 나타내며, 낱낱 몸에 큰 세력이 있다.

과보로 신통을 얻으며, 삼매에 자재하며, 교화할 중생이 있는 곳을 따라서 바른 깨달음 이룸을 보인다.

불자여, 보살이 이와 같이 대승의 모임에 들어가서 큰 신통을 얻으며, 큰 광명을 놓는다.

걸림 없는 법계에 들어가며, 세계의 차별을

수의자재　　선능통달전제후제　　보복일
隨意自在하며 善能通達前際後際하며 普伏一

체마사지도
切魔邪之道하니라

심입여래소행경계　　어무량국토　　수보살
深入如來所行境界하며 於無量國土에 修菩薩

행　　이능획득불퇴전법
行하야 以能獲得不退轉法일새

시고설명주부동지
是故說名住不動地니라

불자　　보살　　주차부동지이　　이삼매력
佛子야 菩薩이 住此不動地已에 以三昧力으로

상득현견무량제불　　항불사리　　승사공
常得現見無量諸佛하야 恒不捨離하야 承事供

알며, 일체 모든 큰 공덕을 나타내 보인다.

뜻대로 자재하며, 과거와 미래를 잘 능히 통달하며, 일체 마군과 삿된 도를 널리 굴복시킨다.

여래께서 행하시는 경계에 깊이 들어가며, 한량없는 국토에서 보살행을 닦아서 퇴전하지 않는 법을 얻는다.

이런 까닭으로 이름하여 부동지에 머무른다고 한다.

불자여, 보살이 이 부동지에 머무르고는 삼매의 힘으로 한량없는 모든 부처님을 항상 친

양
養하나라

차보살　어일일겁　일일세계에　견무량백
此菩薩이 於一一劫과 一一世界에 見無量百

불　무량천불　내지무량백천억나유타불
佛과 無量千佛과 乃至無量百千億那由他佛하야

공경존중　승사공양　일체자생　실이
恭敬尊重하고 承事供養하야 一切資生을 悉以

봉시
奉施하나라

어제불소　득어여래심심법장　수세계차
於諸佛所에 得於如來甚深法藏하고 受世界差

별등무량법명　약유문난세계차별　여
別等無量法明하야 若有問難世界差別이라도 如

시등사　무능굴자
是等事에 無能屈者하나라

견하여 항상 떠나지 않고 받들어 섬기며 공양 올린다.

이 보살이 낱낱 겁과 낱낱 세계에서 한량없는 백 부처님과 한량없는 천 부처님과 내지 한량없는 백천억 나유타 부처님을 친견하고 공경하고 존중하며 받들어 섬기고 공양올리며, 일체 살림을 모두 받들어 보시한다.

모든 부처님 처소에서 여래의 매우 깊은 법장을 얻고, 세계의 차별과 같은 한량없는 법의 광명을 받아서, 혹 세계의 차별을 묻는 이가 있어도 이와 같은 등의 일로 굽힐 수 있는 자가 없다.

여시경 어무량백겁   무량천겁   내지무량
如是經於無量百劫과 **無量千劫**과 **乃至無量**

백천억나유타겁   소유선근   전증명정
百千億那由他劫토록 **所有善根**이 **轉增明淨**하나니라

비여진금   치작보관   치염부제주성왕
譬如眞金으로 **治作寶冠**하야 **置閻浮提主聖王**

정상   일체신민   제장엄구   무여등자
頂上에 **一切臣民**의 **諸莊嚴具**가 **無與等者**인달하니라

차지보살   소유선근   역부여시   일체이
此地菩薩의 **所有善根**도 **亦復如是**하야 **一切二**

승   내지제칠지보살   소유선근   무능급
乘과 **乃至第七地菩薩**의 **所有善根**이 **無能及**

자
者니라

이주차지대지광명   보멸중생   번뇌흑암
以住此地大智光明이 **普滅衆生**의 **煩惱黑闇**하고

이와 같이 한량없는 백 겁과 한량없는 천 겁과 내지 한량없는 백천억 나유타 겁을 지나 있는 바 선근이 점점 더 밝고 깨끗해진다.

비유하면 진금으로 보배 관을 만들어 염부제 주인인 성스러운 왕의 정수리 위에 씌우면 일체 신민의 모든 장엄거리가 더불어 같을 것이 없는 것과 같다.

이 지위의 보살에게 있는 바 선근도 또한 다시 이와 같아서, 일체 이승 내지 제7지 보살에게 있는 바 선근이 미칠 수 없다.

이 지위에 머무르는 큰 지혜의 광명이 중생의 번뇌의 어두움을 널리 없애고 지혜의 문을

선능개천지혜문고
善能開闡智慧門故니라

불자 비여천세계주대범천왕 능보운자
佛子야 譬如千世界主大梵天王이 能普運慈

심   보방광명   만천세계
心하며 普放光明하야 滿千世界인달하니라

차지보살   역부여시   능방광명   조백
此地菩薩도 亦復如是하야 能放光明하야 照百

만불찰미진수세계   영제중생   멸번뇌
萬佛刹微塵數世界하야 令諸衆生으로 滅煩惱

화   이득청량
火하고 而得清涼이니라

차보살   십바라밀중   원바라밀   증상
此菩薩이 十波羅蜜中에 願波羅蜜이 增上하니

여바라밀   비불수행   단수력수분
餘波羅蜜은 非不修行이로대 但隨力隨分이니라

잘 능히 활짝 여는 까닭이다.

불자여, 비유하면 마치 일천 세계의 주인인 대범천왕이 자애로운 마음을 능히 널리 운용하여 광명을 널리 놓아서 일천 세계를 가득 채우는 것과 같다.

이 지위의 보살도 또한 다시 이와 같아서 능히 광명을 놓아 백만 부처님 세계의 미세한 티끌 수의 세계를 비추어 모든 중생들로 하여금 번뇌의 불을 끄고 청량함을 얻게 한다.

이 보살이 열 가지 바라밀 중에는 원바라밀이 더욱 늘어난다. 다른 바라밀을 수행하지 않

시명약설제보살마하살　　제팔부동지　　약
是名略說諸菩薩摩訶薩의 第八不動地니 若

광설자　　경무량겁　　불가궁진
廣說者인댄 經無量劫이라도 不可窮盡이니라

불자　　보살마하살　　주차지　　다작대범천
佛子야 菩薩摩訶薩이 住此地에 多作大梵天

왕　　주천세계　　최승자재
王하야 主千世界하야 最勝自在하니라

선설제의　　능여성문벽지불제보살　　바라
善說諸義하야 能與聲聞辟支佛諸菩薩의 波羅

밀도
蜜道하니라

약유문난세계차별　　무능퇴굴　　보시애
若有問難世界差別이라도 無能退屈하며 布施愛

는 것은 아니나, 다만 힘을 따르고 분한을 따를 뿐이다.

이것이 모든 보살마하살의 제8 부동지를 간략히 설한 것이다. 만약 자세히 설한다면 한량없는 겁을 지나더라도 끝까지 다할 수 없다.

불자여, 보살마하살이 이 지위에 머무름에 많이 대범천왕이 되어 일천 세계를 주관하는 데 가장 수승하고 자재하다.

모든 이치를 잘 설하여 성문과 벽지불과 모든 보살들에게 바라밀의 도를 일러준다.

만약 세계의 차별을 묻는 이가 있더라도 굽

어 이 행 동 사
語利行同事하나니라

여 시 일 체 제 소 작 업　　개 불 리 염 불　　　내 지 불
如是一切諸所作業이　皆不離念佛하며　乃至不

리 염 일 체 종　　일 체 지 지
離念一切種과　一切智智니라

부 작 시 념　　　아 당 어 일 체 중 생 중　　위 수　　　위
復作是念호대　我當於一切眾生中에　爲首며　爲

승　　　내 지 위 일 체 지 지 의 지 자
勝이며　乃至爲一切智智依止者라하나니라

차 보 살　　약 이 발 기 대 정 진 력　　　어 일 념 경
此菩薩이　若以發起大精進力인댄　於一念頃에

득 백 만 삼 천 대 천 세 계 미 진 수 삼 매　　　내 지 시
得百萬三千大千世界微塵數三昧하며　乃至示

현 백 만 삼 천 대 천 세 계 미 진 수 보 살　　이 위 권
現百萬三千大千世界微塵數菩薩로　以爲眷

힐 수 없으며, 보시하고 사랑스러운 말을 하고 이익하게 하는 행을 하고 일을 같이 한다.

이와 같이 일체 모든 짓는 바 업이 모두 부처님을 생각함을 여의지 아니하며, 내지 일체종과 일체지의 지혜를 생각함을 여의지 아니한다.

다시 이 생각을 하기를, '내가 마땅히 일체 중생 가운데서 상수가 되며, 수승한 이가 되며, 내지 일체지의 지혜에 의지하는 자가 될 것이다.'라고 한다.

이 보살이 만약 큰 정진의 힘을 일으키면 한 생각 사이에 백만 삼천대천세계의 미세한 티

속
屬이니라

약 이 보살 수 승 원 력　　자 재 시 현　　과 어 시
若以菩薩殊勝願力으로 **自在示現**인댄 **過於是**

수　　내 지 백 천 억 나 유 타 겁　　불 능 수 지
數하야 **乃至百千億那由他劫**에도 **不能數知**니라

이 시　　금 강 장 보 살　　욕 중 선 기 의　　이 설 송
爾時에 **金剛藏菩薩**이 **欲重宣其義**하사 **而說頌**

왈
曰

끌 수의 삼매를 얻고, 내지 백만 삼천대천세계의 미세한 티끌 수의 보살로 권속을 삼음을 나타내 보인다.

만약 보살의 수승한 원력으로 자재하게 나타내 보이면 이 수를 넘어서니, 내지 백천억 나유타 겁에도 세어서 알 수 없다."

이때에 금강장 보살이 그 뜻을 거듭 펴려고 게송을 설하여 말씀하였다.

칠지수치방편혜
七地修治方便慧하고

선집조도대원력
善集助道大願力하며

부득인존소섭지
復得人尊所攝持하야

위구승지등팔지
爲求勝智登八地로다

공덕성취항자민
功德成就恒慈愍하며

지혜광대등허공
智慧廣大等虛空이라

문법능생결정력
聞法能生決定力하니

시즉적멸무생인
是則寂滅無生忍이로다

지법무생무기상
知法無生無起相하며

무성무괴무진전
無成無壞無盡轉하며

이유평등절분별
離有平等絶分別하야

초제심행여공주
超諸心行如空住로다

제7지에서 방편 지혜를 닦아 다스려

도를 돕는 큰 원력을 잘 모으고

세존의 거두어 주심을 다시 얻어서

수승한 지혜를 구하기 위하여 제8지에 오르도다.

공덕을 성취하여 항상 자비로우며

지혜가 넓고 크기가 허공과 같도다.

법을 듣고 결정한 힘을 능히 내니

이것이 적멸한 무생법인이로다.

법은 생겨남도 없고 일어난 모양도 없으며

이룸도 없고 무너짐도 없고 다함없이 바뀜을 알아

있음을 여의어 평등하고 분별을 끊어

모든 마음의 행을 초월하여 허공같이 머무르도다.

성취시인초희론
成就是忍超戲論하야

심심부동항적멸
甚深不動恒寂滅하니

일체세간무능지
一切世間無能知라

심상취착실개리
心相取著悉皆離로다

주어차지불분별
住於此地不分別하니

비여비구입멸정
譬如比丘入滅定하며

여몽도하교즉무
如夢渡河覺則無하며

여생범천절하욕
如生梵天絶下欲이로다

이본원력몽권도
以本願力蒙勸導하야

탄기인승여관정
歎其忍勝與灌頂하고

어언아등중불법
語言我等衆佛法을

여금미획당근진
汝今未獲當勤進이어다

이 법인을 성취하고 희론을 초월하여
매우 깊고 흔들림 없어 항상 적멸하니
일체 세간이 알 수 없으며
마음의 모양으로 집착함도 모두 다 여의도다.

이 지위에 머무르면 분별하지 않으니
비유하면 비구가 멸진정에 들어간 것과 같으며
꿈에 강을 건너도 깨면 없는 것과 같으며
범천에 태어나면 아래의 욕심을 끊은 것과 같도다.

본래의 원력으로 권해지고 인도되니
그 법인의 수승함을 찬탄하고 관정하며
말씀하셨다. "우리의 온갖 부처님 법을
그대는 지금 얻지 못했으니 응당 열심히 정진하라.

여수이멸번뇌화　　　　세간혹염유치연
汝雖已滅煩惱火나　　　世間惑燄猶熾然하니

당념본원도중생　　　　실사수인취해탈
當念本願度眾生하야　　悉使修因趣解脫이어다

법성진상이심념　　　　이승어차역능득
法性眞常離心念하니　　二乘於此亦能得이라

불이차고위세존　　　　단이심심무애지
不以此故爲世尊이요　　但以甚深無礙智로다

여시인천소응공　　　　여차지혜영관찰
如是人天所應供이　　　與此智慧令觀察하니

무변불법실득성　　　　일념초과낭중행
無邊佛法悉得成하야　　一念超過曩眾行이로다

그대는 비록 번뇌의 불을 이미 껐으나
세간에는 미혹의 불꽃이 오히려 치성하니
응당 본래의 서원을 생각해서 중생을 제도하여
모두 인행을 닦아서 해탈로 나아가게 하라.

법의 성품 참되고 항상하여 생각을 여의었으니
이승도 이것을 또한 능히 얻으나
이것으로 세존이 되는 것 아니고
다만 매우 깊고 걸림 없는 지혜뿐이로다."

이와 같이 인천의 공양 받는 분께서
이 지혜를 주어 관찰하게 하시니
가없는 부처님 법을 다 이루어
한 생각에 예전의 온갖 수행을 뛰어넘도다.

보살주자묘지지
菩薩住玆妙智地에

즉획광대신통력
則獲廣大神通力하고

일념분신변시방
一念分身徧十方하니

여선입해인풍제
如船入海因風濟로다

심무공용임지력
心無功用任智力하야

실지국토성괴주
悉知國土成壞住하며

제계종종각수이
諸界種種各殊異와

소대무량개능료
小大無量皆能了로다

삼천세계사대종
三千世界四大種과

육취중생신각별
六趣衆生身各別과

급이중보미진수
及以衆寶微塵數를

이지관찰실무여
以智觀察悉無餘로다

보살이 이 미묘한 지혜의 지위에 머물러
곧 광대한 신통의 힘을 얻고서
한 찰나에 몸을 나누어 시방에 두루함이
배가 바다에 들어가 바람을 인해 건너는 것과 같도다.

마음이 공용 없이 지혜의 힘에 맡겨서
국토의 이루어짐과 무너짐과 머무름을 다 알며
모든 세계가 갖가지로 각각 다르며
작고 크고 한량없음을 모두 능히 알도다.

삼천세계의 사대종과
여섯 갈래 중생들의 몸이 각각 다름과
온갖 보배의 미세한 티끌 수를
지혜로써 다 남김없이 관찰하도다.

보살능지일체신
菩薩能知一切身하야

위화중생동피형
爲化衆生同彼形호대

국토무량종종별
國土無量種種別에

실위현형무불변
悉爲現形無不徧이로다

비여일월주허공
譬如日月住虛空호대

일체수중개현영
一切水中皆現影인달하야

주어법계무소동
住於法界無所動호대

수심현영역부연
隨心現影亦復然이로다

수기심락각부동
隨其心樂各不同하야

일체중중개현신
一切衆中皆現身호대

성문독각여보살
聲聞獨覺與菩薩과

급이불신미불현
及以佛身靡不現이로다

보살이 일체 몸을 능히 알아서
중생을 교화하기 위하여 그 형상을 같이하며
국토가 한량없어 갖가지로 다르니
다 형상을 나타내어 두루하지 않음이 없도다.

비유하면 해와 달이 허공에 머무르되
일체 물 가운데 모두 영상을 나타내듯이
법계에 머물러 움직이는 바 없지만
마음 따라 영상을 나타냄도 또한 그러하도다.

그 마음의 즐겨함이 각각 같지 않음을 따라
일체 중생 가운데 모두 몸을 나타내니
성문과 독각과 보살과
부처님의 몸을 나타내지 않음이 없도다.

중생국토업보신
衆生國土業報身과

종종성인지법신
種種聖人智法身과

허공신상개평등
虛空身相皆平等을

보위중생이시작
普爲衆生而示作이로다

십종성지보관찰
十種聖智普觀察하며

부순자비작중업
復順慈悲作衆業이라

소유불법개성취
所有佛法皆成就하야

지계부동여수미
持戒不動如須彌로다

십력성취부동요
十力成就不動搖하니

일체마중무능전
一切魔衆無能轉이라

제불호념천왕례
諸佛護念天王禮하며

밀적금강항시위
密迹金剛恒侍衛로다

중생과 국토와 업보의 몸과
갖가지 성인과 지혜와 법의 몸과
허공의 몸의 모양이 모두 평등해
널리 중생을 위하여 지어 보이도다.

열 가지를 성스러운 지혜로 널리 관찰하고
다시 자비를 수순하여 온갖 업을 짓도다.
있는 바 부처님 법을 다 성취하여
계를 지녀 흔들림 없음이 수미산과 같도다.

열 가지 힘 성취하여 동요하지 않으니
일체 마군무리도 움직이게 할 수 없으며
모든 부처님이 호념하시고 천왕이 예경하며
밀적금강이 항상 모시고 호위하도다.

차 지 공 덕 무 변 제
此地功德無邊際라

천 만 억 겁 설 부 진
千萬億劫說不盡이며

부 이 공 불 선 익 명
復以供佛善益明하니

여 왕 정 상 장 엄 구
如王頂上莊嚴具로다

보 살 주 차 제 팔 지
菩薩住此第八地에

다 작 범 왕 천 계 주
多作梵王千界主하야

연 설 삼 승 무 유 궁
演說三乘無有窮하니

자 광 보 조 제 중 혹
慈光普照除衆惑이로다

일 념 소 획 제 삼 매
一念所獲諸三昧가

백 만 세 계 미 진 등
百萬世界微塵等이라

제 소 작 사 실 역 연
諸所作事悉亦然이어니와

원 력 시 현 부 과 시
願力示現復過是로다

이 지위의 공덕이 가없으니
천만억 겁 설하여도 다할 수 없으며
또 부처님께 공양올려 선근이 더욱 밝아지니
전륜왕 머리 위의 장엄거리와 같도다.

보살이 이 제8지에 머무름에
많이 범왕이 되어 천 세계의 주인 되며
삼승을 연설하여 다함이 없으니
자비 광명 널리 비추어 온갖 미혹을 없애도다.

한 생각에 얻은 바 모든 삼매가
백만 세계의 미세한 티끌 수와 같으며
모든 짓는 바 일이 모두 또한 그러하니
원력으로 나타내면 다시 이를 넘어서도다.

보살제팔부동지 　　　아위여등이약설
菩薩第八不動地를 　　我爲汝等已略說호니

약욕차제광분별 　　　경어억겁불능진
若欲次第廣分別인댄 　經於億劫不能盡이로다

보살의 제8 부동지를

내가 그대들을 위하여 이미 간략히 설하였으니

만약 차례대로 널리 분별하려 한다면

억 겁을 지내도록 다할 수 없도다.

제구지
第九地

설차보살팔지시	여래현대신통력
說此菩薩八地時_에	如來現大神通力_{하사}

설차보살팔지시 여래현대신통력
說此菩薩八地時에 **如來現大神通力**하사

진동시방제국토 무량억수난사의
震動十方諸國土하시니 **無量億數難思議**로다

일체지견무상존 기신보방대광명
一切知見無上尊이 **其身普放大光明**하사

조요피제무량토 실사중생획안락
照耀彼諸無量土하사 **悉使衆生獲安樂**이로다

제9지

이 보살이 제8지를 설할 때
여래께서 큰 신통력을 나타내시어
시방의 모든 국토가 진동하니
한량없는 억수로 사의하기 어렵도다.

일체를 알고 보시는 위없는 존귀한 분께서
그 몸으로 큰 광명을 널리 놓으셔서
저 모든 한량없는 국토를 밝게 비추시어
다 중생들로 하여금 안락을 얻게 하시도다.

보살무량백천억
菩薩無量百千億이

구시용재허공주
俱時踊在虛空住하야

이과제천상묘공
以過諸天上妙供으로

공양설중최승자
供養說中最勝者로다

대자재왕자재천
大自在王自在天이

실공동심희무량
悉共同心喜無量하야

각이종종중공구
各以種種衆供具로

공양심심공덕해
供養甚深功德海로다

부유천녀천만억
復有天女千萬億이

신심환희실충변
身心歡喜悉充徧하야

각주악음무량종
各奏樂音無量種하야

공양인중대도사
供養人中大導師로다

한량없는 백천억 보살들이
한꺼번에 허공에 솟아올라 머물러서
모든 하늘을 뛰어넘는 가장 미묘한 공양으로써
설하는 데 가장 수승한 분께 공양올리도다.

대자재왕과 자재천왕이
다 함께 같은 마음으로 기뻐함이 한량없어
각각 갖가지 온갖 공양거리로써
깊고 깊은 공덕바다에 공양올리도다.

다시 천만억 천녀들이
몸과 마음에 환희가 모두 가득하여서
각각 한량없는 종류의 음악을 연주하여
사람 가운데 대도사께 공양올리도다.

시시중악동시주
是時衆樂同時奏하니

백천만억무량별
百千萬億無量別이라

실이선서위신력
悉以善逝威神力으로

연출묘음이찬탄
演出妙音而讚歎이로다

적정조유무구해
寂靜調柔無垢害하야

수소입지선수습
隨所入地善修習하며

심여허공예시방
心如虛空詣十方하야

광설불도오군생
廣說佛道悟群生이로다

천상인간일체처
天上人間一切處에

실현무등묘장엄
悉現無等妙莊嚴하니

이종여래공덕생
以從如來功德生이라

영기견자낙불지
令其見者樂佛智로다

이때에 온갖 음악이 동시에 연주되어
백천만억으로 한량없이 다르니
모두 선서의 위신력으로
미묘한 음성을 내어서 찬탄하도다.

"적정하고 조화로우며 때와 해로움 없어
들어가는 지위를 따라 잘 닦아 익히며
마음이 허공과 같아 시방에 나아가서
불도를 널리 설하여 중생들을 깨우치도다.

천상과 인간의 일체 처소에
같음 없는 미묘한 장엄을 다 나타내니
여래의 공덕으로부터 생겨나는 것으로
보는 이들이 부처님의 지혜를 즐기게 하도다.

불리일찰예중토
不離一刹詣衆土가

여월보현조세간
如月普現照世間하며

음성심념실개멸
音聲心念悉皆滅하사대

비유곡향무불응
譬猶谷響無不應이로다

약유중생심하열
若有衆生心下劣이면

위피연설성문행
爲彼演說聲聞行하고

약심명리낙벽지
若心明利樂辟支면

즉위피설중승도
則爲彼說中乘道하며

약유자비낙요익
若有慈悲樂饒益이면

위설보살소행사
爲說菩薩所行事하고

약유최승지혜심
若有最勝智慧心이면

즉시여래무상법
則示如來無上法이로다

한 세계를 떠나지 않고 온갖 국토에 나아가니
달이 널리 나타나 세간을 비추는 것 같으며
음성에 생각이 모두 다 없으니
골짜기 메아리가 응하지 않음이 없는 것 같도다.

만약 어떤 중생의 마음이 하열하면
그를 위해 성문의 행을 연설하고
만약 마음이 밝고 예리하여 벽지불을 좋아하면
그를 위해 중승의 길을 설하도다.

만약 자비가 있어 요익하기를 즐겨하면
위하여 보살이 행할 바를 설하고
만약 가장 수승한 지혜 마음이 있으면
여래의 위없는 법을 보이도다.

비여환사작중사　　　　　종종형상개비실
譬如幻師作衆事에　　　　種種形相皆非實인달하야

보살지환역여시　　　　　수현일체이유무
菩薩智幻亦如是하야　　　雖現一切離有無로다

여시미음천만종　　　　　가찬불이묵연주
如是美音千萬種으로　　　歌讚佛已黙然住어늘

해탈월언금중정　　　　　원설구지소행도
解脫月言今衆淨하니　　　願說九地所行道하소서

이시　　　금강장보살　　고해탈월보살언
爾時에　金剛藏菩薩이　告解脫月菩薩言하시니라

비유하면 마술사가 온갖 일을 지어냄에

갖가지 형상이 모두 진실이 아닌 것과 같이

보살의 지혜의 환술도 또한 이와 같아서

비록 일체를 나타내나 있고 없음을 여의도다.”

이와 같이 아름다운 음성 천만 가지로

부처님을 노래로 찬탄하고서 잠자코 있자

해탈월이 말하였다. “지금 대중들이 청정하니

원컨대 제9지의 행할 도를 설해주소서.”

이때에 금강장 보살이 해탈월 보살에게 말씀

하였다.

불자   보살마하살   이여시무량지   사량관
佛子야 菩薩摩訶薩이 以如是無量智로 思量觀

찰   욕갱구전승적멸해탈   부수습여래
察하야 欲更求轉勝寂滅解脫하며 復修習如來

지혜   입여래비밀법   관찰부사의대지
智慧하며 入如來祕密法하며 觀察不思議大智

성   정제다라니삼매문   구광대신통
性하며 淨諸陀羅尼三昧門하며 具廣大神通하며

입차별세계   수력무외불공법   수제불
入差別世界하며 修力無畏不共法하며 隨諸佛

전법륜   불사대비본원력   득입보살제
轉法輪하며 不捨大悲本願力하야 得入菩薩第

구선혜지
九善慧地니라

"불자여, 보살마하살이 이와 같은 한량없는 지혜로 사량하며 관찰하여 다시 더욱 수승한 적멸의 해탈을 구하고자, 다시 여래의 지혜를 닦아 익히며, 여래의 비밀한 법에 들어가며, 부사의한 큰 지혜의 성품을 관찰하며, 모든 다라니의 삼매문을 깨끗이 하며, 광대한 신통을 갖추며, 차별한 세계에 들어가며, 힘과 두려움 없음과 함께 하지 않는 법을 닦으며, 모든 부처님을 따라 법륜을 굴리며, 대비의 본래 원력을 버리지 아니하여 보살의 제9 선혜지에 들어가게 된다.

불자　보살마하살　주차선혜지　여실지선
佛子야 菩薩摩訶薩이 住此善慧地에 如實知善

불선무기법행　유루무루법행　세간출세
不善無記法行과 有漏無漏法行과 世間出世

간법행　사의부사의법행　정부정법행　성
間法行과 思議不思議法行과 定不定法行과 聲

문독각법행　보살행법행　여래지법행　유
聞獨覺法行과 菩薩行法行과 如來地法行과 有

위법행　무위법행
爲法行과 無爲法行이니라

차보살　이여시지혜　여실지중생심조림
此菩薩이 以如是智慧로 如實知衆生心稠林과

불자여, 보살마하살이 이 선혜지에 머물러서
는 선과 불선과 무기의 법의 행과, 유루와 무
루의 법의 행과, 세간과 출세간의 법의 행과,
사의와 부사의의 법의 행과, 결정하고 결정하
지 않은 법의 행과, 성문과 독각의 법의 행과,
보살행의 법의 행과, 여래의 지위의 법의 행
과, 유위의 법의 행과 무위의 법의 행을 사실
대로 안다.

이 보살이 이와 같은 지혜로써 중생 마음의
빽빽한 숲과, 번뇌의 빽빽한 숲과, 업의 빽빽

번뇌조림　업조림　근조림　해조림　성조
煩惱稠林과　業稠林과　根稠林과　解稠林과　性稠

림　낙욕조림　수면조림　수생조림　습기
林과　樂欲稠林과　隨眠稠林과　受生稠林과　習氣

상속조림　삼취차별조림
相續稠林과　三聚差別稠林이니라

차보살　여실지중생심종종상
此菩薩이　如實知衆生心種種相하나니라

소위잡기상　속전상　괴불괴상　무형질상
所謂雜起相과　速轉相과　壞不壞相과　無形質相과

무변제상　청정상　구무구상　박불박상
無邊際相과　淸淨相과　垢無垢相과　縛不縛相과

환소작상　수제취생상　여시백천만억
幻所作相과　隨諸趣生相과　如是百千萬億으로

한 숲과, 근기의 빽빽한 숲과, 이해의 빽빽한 숲과, 성품의 빽빽한 숲과, 욕락의 빽빽한 숲과, 수면의 빽빽한 숲과, 태어남의 빽빽한 숲과, 습기가 서로 이어짐의 빽빽한 숲과, 세 갈래의 차별의 빽빽한 숲을 사실대로 안다.

이 보살이 중생 마음의 갖가지 모양을 사실대로 안다.

이른바 섞이어 일어나는 모양과, 빨리 구르는 모양과, 무너지고 무너지지 않는 모양과, 형태와 성질이 없는 모양과, 가없는 모양과, 청정한 모양과, 때와 때 없는 모양과, 얽매고 얽매지

내지무량　개여실지
乃至無量을 皆如實知니라

우지제번뇌종종상
又知諸煩惱種種相하나니라

소위구원수행상　무변인기상　구생불사
所謂久遠隨行相과 無邊引起相과 俱生不捨

상　면기일의상　여심상응불상응상　수취
相과 眠起一義相과 與心相應不相應相과 隨趣

수생이주상　삼계차별상　애견치만여전
受生而住相과 三界差別相과 愛見癡慢如箭

심입과환상　삼업인연부절상　약설내지
深入過患相과 三業因緣不絶相과 略說乃至

팔만사천　개여실지
八萬四千을 皆如實知니라

않은 모양과, 환으로 지어진 모양과, 여러 갈래를 따라 태어나는 모양과, 이와 같이 백천만억 내지 한량없는 것을 모두 사실대로 안다.

또 모든 번뇌의 갖가지 모양을 안다.

이른바 오래도록 따라 행하는 모양과, 가없이 이끌어 일으키는 모양과, 함께 나서 버리지 못하는 모양과, 수면과 일어남이 한 뜻인 모양과, 마음과 상응하고 상응하지 않는 모양과, 갈래를 따라 태어나서 머무르는 모양과, 삼계의 차별한 모양과, 애욕과 견해와 어리석음과 교만이 화살처럼 근심 걱정에 깊이 들어가는

우지제업종종상
又知諸業種種相하나니라

소위선불선무기상　유표시무표시상　여
所謂善不善無記相과 **有表示無表示相**과 **與**

심동생불리상　인자성찰나괴이차제집과
心同生不離相과 **因自性刹那壞而次第集果**

불실상　유보무보상　수흑흑등중보상　여
不失相과 **有報無報相**과 **受黑黑等衆報相**과 **如**

전무량상　범성차별상　현수생수후수
田無量相과 **凡聖差別相**과 **現受生受後受**

상　승비승정부정상　약설내지팔만사천
相과 **乘非乘定不定相**과 **略說乃至八萬四千**을

개여실지
皆如實知니라

모양과, 세 가지 업의 인연이 끊어지지 않는 모양과, 간략히 설하여 내지 팔만 사천 가지를 모두 사실대로 안다.

또 모든 업의 갖가지 모양을 안다.

이른바 선과 불선과 무기의 모양과, 표시 있고 표시 없는 모양과, 마음과 함께 나서 여의지 않는 모양과, 원인의 자체 성품이 찰나에 무너지지만 차례로 결과를 모아 잃어버리지 않는 모양과, 과보가 있고 과보가 없는 모양과, 검고 검은 등의 온갖 과보를 받는 모양과, 밭과 같이 한량없는 모양과, 범부와 성인의 차별

우지제근연중승상　선제후제차별무차별
又知諸根頓中勝相과 先際後際差別無差別

상　상중하상　번뇌구생불상리상　승비
相과 上中下相과 煩惱俱生不相離相과 乘非

승정부정상　순숙조유상　수근망경전괴
乘定不定相과 淳熟調柔相과 隨根網輕轉壞

상　증상무능괴상　퇴불퇴차별상　원수
相과 增上無能壞相과 退不退差別相과 遠隨

공생부동상　약설내지팔만사천　개여실
共生不同相하며 略說乃至八萬四千을 皆如實

지
知니라

우지제해연중상　제성연중상　낙욕연중
又知諸解頓中上과 諸性頓中上과 樂欲頓中

한 모양과, 현생에 받고 다음 생에 받고 나중에 받는 모양과, 승과 승 아닌 것의 결정되고 결정되지 않은 모양과, 간략히 설하여 내지 팔만 사천 가지를 모두 사실대로 안다.

또 모든 근기의 둔하고 중간이고 수승한 모양과, 과거와 미래의 차별하고 차별하지 않은 모양과, 상품과 중품과 하품의 모양과, 번뇌가 함께 생겨나서 서로 여의지 않는 모양과, 승과 승 아닌 것의 결정되고 결정되지 않은 모양과, 잘 성숙되어 부드러운 모양과, 근의 그물이 가벼이 변함에 따라 무너지는 모양과, 더욱 뛰어

상   개약설내지팔만사천
上과 皆略說乃至八萬四千이니라

우지제수면종종상
又知諸隨眠種種相하나니라

소위여심심공생상   여심불공생상   심상
所謂與深心共生相과 與心不共生相과 心相

응불상응차별상   구원수행상   무시불발
應不相應差別相과 久遠隨行相과 無始不拔

상
相이니라

여일체선정해탈삼매삼마발저신통상위
與一切禪定解脫三昧三摩鉢底神通相違

상   삼계상속수생계박상
相과 三界相續受生繫縛相이니라

나 무너뜨릴 수 없는 모양과, 물러나고 물러나지 않음의 차별한 모양과, 오래도록 따라 함께 생겨났지만 같지 않은 모양을 알며, 간략히 설하여 내지 팔만 사천 가지를 모두 사실대로 안다.

또 모든 이해의 하품과 중품과 상품과, 모든 성품의 하품과 중품과 상품과, 욕락의 하품과 중품과 상품을 알며, 모두 간략히 설하여 내지 팔만 사천 가지이다.

또 모든 수면의 갖가지 모양을 안다.
이른바 깊은 마음과 함께 나는 모양과, 마음

영무변심상속현기상　개제처문상　견실
令無邊心相續現起相_과 開諸處門相_과 堅實

난치상　지처성취불성취상　유이성도발
難治相_과 地處成就不成就相_과 唯以聖道拔

출상
出相_{이니라}

과 함께 나지 않는 모양과, 마음과 상응하고 상응하지 않음의 차별한 모양과, 오래도록 따라 행하는 모양과, 비롯함 없이 뽑지 못한 모양이다.

일체 선정·해탈·삼매·삼마발저·신통과 더불어 서로 어긋나는 모양과, 삼계에서 상속하여 태어나며 얽매여 묶이는 모양이다.

가없는 마음이 상속하여 나타나 일어나게 하는 모양과, 모든 곳의 문을 여는 모양과, 견실하여 다스리기 어려운 모양과, 지위의 처소에서 성취하고 성취하지 못한 모양과, 오직 성인의 도로써 뽑아내는 모양이다.

우 지 수 생 종 종 상
又知受生種種相하나니라

소 위 수 업 수 생 상　육 취 차 별 상　유 색 무 색
所謂隨業受生相과 六趣差別相과 有色無色

차 별 상　유 상 무 상 차 별 상
差別相과 有想無想差別相이니라

업 위 전　　애 수 윤　　무 명 암 부　　식 위 종
業爲田하고 愛水潤하며 無明暗覆하고 識爲種

자　　생 후 유 아 상　명 색 구 생 불 상 리 상　치
子하야 生後有芽相과 名色俱生不相離相과 癡

애 희 구 속 유 상　욕 수 욕 생　무 시 낙 착 상　망
愛希求續有相과 欲受欲生에 無始樂著相과 妄

위 출 삼 계 탐 구 상
謂出三界貪求相이니라

또 태어나는 갖가지 모양을 안다.

이른바 업을 따라 태어나는 모양과, 여섯 갈래의 차별한 모양과, 색 있고 색 없음의 차별한 모양과, 생각 있고 생각 없음의 차별한 모양이다.

업이 밭이 되고 애욕의 물이 적시며 무명의 어두움이 덮고 식이 종자가 되어 다음 존재의 싹을 내는 모양과, 이름과 물질이 함께 나서 서로 여의지 않는 모양과, 어리석음과 애욕으로 계속 존재하기를 희구하는 모양과, 받고자 하고 태어나고자 하여 비롯함 없이 좋아하며 집착하는 모양과, 망령되이 삼계에서 벗어났다라 하고 탐하고 구하는 모양이다.

우지습기종종상
又知習氣種種相하나니라

소위행불행차별상　수취훈습상　수중생
所謂行不行差別相과 隨趣熏習相과 隨衆生

행훈습상　수업번뇌훈습상　선불선무기
行熏習相과 隨業煩惱熏習相과 善不善無記

훈습상
熏習相이니라

수입후유훈습상　차제훈습상　부단번뇌
隨入後有熏習相과 次第熏習相과 不斷煩惱

원행불사훈습상　실비실훈습상　견문친
遠行不捨熏習相과 實非實熏習相과 見聞親

근성문독각보살여래훈습상
近聲聞獨覺菩薩如來熏習相이니라

또 습기의 갖가지 모양을 안다.

이른바 행하고 행하지 않음의 차별한 모양과, 갈래를 따라 훈습하는 모양과, 중생의 행을 따라 훈습하는 모양과, 업과 번뇌를 따라 훈습하는 모양과, 선과 불선과 무기의 훈습하는 모양이다.

다음 존재에 들어감에 따라 훈습하는 모양과, 차례로 훈습하는 모양과, 번뇌를 끊지 않고 멀리 행하여 버리지 않고 훈습하는 모양과, 진실과 진실하지 않음의 훈습하는 모양과, 성문과 독각과 보살과 여래를 보고 듣고 친근하여 훈습하는 모양이다.

우 지 중 생　　정 정 사 정 부 정 상
又知衆生의 正定邪定不定相하나니라

소 위 정 견 정 정 상　　사 견 사 정 상　　이 구 부 정
所謂正見正定相과 邪見邪定相과 二俱不定

상
相이니라

오 역 사 정 상　　오 근 정 정 상　　이 구 부 정
五逆邪定相과 五根正定相과 二俱不定

상
相이니라

팔 사 사 정 상　　정 성 정 정 상　　갱 부 작 이 구 이
八邪邪定相과 正性正定相과 更不作二俱離

부 정 상
不定相이니라

심 착 사 법 사 정 상　　습 행 성 도 정 정 상　　이 구
深著邪法邪定相과 習行聖道正定相과 二俱

또 중생이 바르게 정해지고 삿되게 정해지고 정해지지 않은 모양을 안다.

이른바 바른 견해로 바르게 정해진 모양과, 삿된 견해로 삿되게 정해진 모양과, 둘 다 정해지지 않은 모양이다.

다섯 가지 어김으로 삿되게 정해진 모양과, 다섯 가지 근으로 바르게 정해진 모양과, 둘 다 정해지지 않은 모양이다.

여덟 가지 삿됨으로 삿되게 정해진 모양과, 바른 성품으로 바르게 정해진 모양과, 다시 둘 다 짓지 않고 여의어 정해지지 않은 모양이다.

삿된 법에 깊이 집착하여 삿되게 정해진 모양

사부정상
捨不定相_{이니라}

불자   보살   수순여시지혜   명주선혜지
佛子_야 菩薩_이 隨順如是智慧_가 名住善慧地_{니라}

주차지이   요지중생   제행차별   교화조
住此地已_에 了知衆生_의 諸行差別_{하야} 敎化調

복   영득해탈
伏_{하야} 令得解脫_{이니라}

불자   차보살   선능연설성문승법   독각승
佛子_야 此菩薩_이 善能演說聲聞乘法_과 獨覺乘

법   보살승법   여래지법   일체행처   지
法_과 菩薩乘法_과 如來地法_{하며} 一切行處_에 智

과, 성인의 도를 익히고 행하여 바르게 정해진 모양과, 둘 다 버려서 정해지지 않은 모양이다.

불자여, 보살이 이와 같은 지혜를 수순함을 이름하여 선혜지에 머무른다고 한다.

이 지위에 머무르고는 중생의 모든 행의 차별을 분명히 알아서 교화하고 조복하여 해탈을 얻게 한다.

불자여, 이 보살이 성문승의 법과 독각승의 법과 보살승의 법과 여래 지위의 법을 잘 능히 연설하며, 일체 행하는 곳에 지혜가 따라 행

수행고　　능수중생　　근성욕해　　소행유이
隨行故로 能隨衆生의 根性欲解와 所行有異와

제취차별　　역수수생　　번뇌면박　　제업습
諸聚差別하며 亦隨受生과 煩惱眠縛과 諸業習

기　　이위설법　　영생신해　　증익지혜
氣하야 而爲說法하야 令生信解하고 增益智慧하야

각어기승　　이득해탈
各於其乘에 而得解脫이니라

불자　　보살　　주차선혜지　　작대법사　　　구
佛子야 菩薩이 住此善慧地에 作大法師하야 具

법사행　　선능수호여래법장　　이무량선
法師行하야 善能守護如來法藏호대 以無量善

하는 까닭으로, 능히 중생의 근기와 성품과 욕망과 이해와 행하는 바에 다름이 있음과 모든 갈래가 차별함을 따르며, 또한 태어남의 번뇌와 수면의 얽매임과 모든 업의 습기를 따라서 법을 설하여, 믿고 이해하고 지혜를 증장하여 각각 그 승에서 해탈을 얻게 한다.

불자여, 보살이 이 선혜지에 머무름에 큰 법사가 되고 법사의 행을 갖추어서 여래의 법장을 잘 수호하되, 한량없는 공교한 지혜로 네 가지 걸림 없는 변재를 일으키고 보살의 말을

교지   기사무애변   용보살언사   이연
巧智로 起四無礙辯하야 用菩薩言辭하야 而演

설법
說法이니라

차보살   상수사무애지전   무잠사리
此菩薩이 常隨四無礙智轉하야 無暫捨離하나니라

하등   위사
何等이 爲四오

소위법무애지   의무애지   사무애지   요설
所謂法無礙智와 義無礙智와 辭無礙智와 樂說

무애지
無礙智니라

차보살   이법무애지   지제법자상   의무
此菩薩이 以法無礙智로 知諸法自相하며 義無

사용하여 법을 연설한다.

이 보살이 항상 네 가지 걸림 없는 지혜를 따라서 연설하고 잠깐도 버리지 아니한다. 무엇이 넷인가?

이른바 법에 걸림 없는 지혜와, 뜻에 걸림 없는 지혜와, 말에 걸림 없는 지혜와, 말하기를 좋아함에 걸림 없는 지혜이다.

이 보살이 법에 걸림 없는 지혜로는 모든 법의 제 모양을 알며, 뜻에 걸림 없는 지혜로는 모든 법의 차별한 모양을 알며, 말에 걸림 없는 지혜로는 그릇됨이 없이 설하며, 말하기를

애지 　　 지제법별상 　　 사무애지 　　 무착류
礙智로 　知諸法別相하며 　辭無礙智로 　無錯謬

설 　　　 요설무애지 　무단진설
說하며 　樂說無礙智로 　無斷盡說이니라

부차이법무애지 　　 지제법자성 　　 의무애지
復次以法無礙智로 　知諸法自性하며 　義無礙智로

지제법생멸 　　 사무애지 　　 안립일체법부단
知諸法生滅하며 　辭無礙智로 　安立一切法不斷

설 　　　 요설무애지 　　 수소안립불가괴무변
說하며 　樂說無礙智로 　隨所安立不可壞無邊

설
說이니라

부차이법무애지 　　 지현재법차별 　　 의무애
復次以法無礙智로 　知現在法差別하며 　義無礙

지 　　 지과거미래법차별 　　 사무애지 　 어거
智로 　知過去未來法差別하며 　辭無礙智로 　於去

좋아함에 걸림 없는 지혜로는 끊어져 다함이 없이 설한다.

다시 또 법에 걸림 없는 지혜로는 모든 법의 제 성품을 알며, 뜻에 걸림 없는 지혜로는 모든 법의 생멸을 알며, 말에 걸림 없는 지혜로는 일체 법을 안립하여 끊어지지 않게 설하며, 말하기를 좋아함에 걸림 없는 지혜로는 안립함을 따라 파괴할 수 없고 가없이 설한다.

다시 또 법에 걸림 없는 지혜로는 현재의 법의 차별을 알며, 뜻에 걸림 없는 지혜로는 과거와 미래의 법의 차별을 알며, 말에 걸림 없는 지혜로는 과거와 미래와 지금의 법을 그릇됨 없이

래금법　　무착류설　　　요설무애지　　어일일
來今法에 無錯謬說하며 樂說無礙智로 於一一

세　　무변법　　명료설
世에 無邊法을 明了說이니라

부차이법무애지　　지법차별　　　의무애지
復次以法無礙智로 知法差別하며 義無礙智로

지의차별　　　사무애지　　수기언음설　　　요
知義差別하며 辭無礙智로 隨其言音說하며 樂

설무애지　　수기심락설
說無礙智로 隨其心樂說이니라

부차법무애지　　이법지　　지차별불이　　　의
復次法無礙智는 以法智로 知差別不異하며 義

무애지　　이비지　　지차별여실　　　사무애
無礙智는 以比智로 知差別如實하며 辭無礙

지　　이세지　　차별설　　　요설무애지　　이제
智는 以世智로 差別說하며 樂說無礙智는 以第

설하며, 말하기를 좋아함에 걸림 없는 지혜로는
낱낱 세상에서 가없는 법을 분명하게 설한다.

다시 또 법에 걸림 없는 지혜로는 법의 차별
을 알며, 뜻에 걸림 없는 지혜로는 뜻의 차별
을 알며, 말에 걸림 없는 지혜로는 그 말을 따
라 설하며, 말하기를 좋아함에 걸림 없는 지혜
로는 그 마음에 좋아함을 따라 설한다.

다시 또 법에 걸림 없는 지혜로는 법의 지혜
로 차별이 다르지 않음을 알며, 뜻에 걸림 없는
지혜로는 견주는 지혜로 차별이 실상과 같음을
알며, 말에 걸림 없는 지혜로는 세상의 지혜로
차별하게 설하며, 말하기를 좋아함에 걸림 없

일의지　　선교설
一義智로 善巧說이니라

부차법무애지　　지제법일상불괴　　의무애
復次法無礙智로 知諸法一相不壞하며 義無礙

지　　지온계처제연기선교　　사무애지　　이
智로 知蘊界處諦緣起善巧하며 辭無礙智로 以

일체세간이해료미묘음성문자설　　요설무
一切世間易解了美妙音聲文字說하며 樂說無

애지　　이전승무변법명설
礙智로 以轉勝無邊法明說이니라

부차법무애지　　지일승평등성　　의무애
復次法無礙智로 知一乘平等性하며 義無礙

지　　지제승차별성　　사무애지　　설일체
智로 知諸乘差別性하며 辭無礙智로 說一切

승무차별　　요설무애지　　설일일승무변
乘無差別하며 樂說無礙智로 說一一乘無邊

는 지혜로는 제일의의 지혜로 공교하게 설한다.

다시 또 법에 걸림 없는 지혜로는 모든 법이 한 모양이어서 무너지지 않음을 알며, 뜻에 걸림 없는 지혜로는 온과 계와 처와 제와 연기의 교묘함을 알며, 말에 걸림 없는 지혜로는 일체 세간에서 알기 쉽고 미묘한 음성과 문자로 설하며, 말하기를 좋아함에 걸림 없는 지혜로는 더욱 수승하고 가없는 법의 광명으로 설한다.

다시 또 법에 걸림 없는 지혜로는 일승의 평등한 성품을 알며, 뜻에 걸림 없는 지혜로는 모든 승의 차별한 성품을 알며, 말에 걸림 없는 지혜로는 일체 승의 차별 없음을 설하며,

법
法이니라

부차법무애지   지일체보살행지행법행
復次法無礙智로 **知一切菩薩行智行法行**의

지수증   의무애지   지십지분위의차별
智隨證하며 **義無礙智**로 **知十地分位義差別**하며

사무애지   설지도무차별상   요설무애
辭無礙智로 **說地道無差別相**하며 **樂說無礙**

지   설일일지무변행상
智로 **說一一地無邊行相**이니라

부차법무애지   지일체여래   일념   성
復次法無礙智로 **知一切如來**가 **一念**에 **成**

정각   의무애지   지종종시종종처
正覺하며 **義無礙智**로 **知種種時種種處**

등   각차별   사무애지   설성정각차
等의 **各差別**하며 **辭無礙智**로 **說成正覺差**

말하기를 좋아함에 걸림 없는 지혜로는 낱낱 승의 가없는 법을 설한다.

다시 또 법에 걸림 없는 지혜로는 일체 보살의 행인 지혜의 행과 법의 행을 지혜로 따라 증득함을 알며, 뜻에 걸림 없는 지혜로는 십지의 나누어진 지위의 뜻이 차별함을 알며, 말에 걸림 없는 지혜로는 십지의 도가 차별 없는 모양을 설하며, 말하기를 좋아함에 걸림 없는 지혜로는 낱낱 지위의 가없는 행의 모양을 설한다.

다시 또 법에 걸림 없는 지혜로는 일체 여래께서 한 생각에 바른 깨달음 이루심을 알며, 뜻에 걸림 없는 지혜로는 갖가지 때와 갖가지 곳 등

별　　요설무애지　　어일일구법　　무량겁
別하며 樂說無礙智로 於一一句法에 無量劫

설 부 진
說不盡이니라

부차법무애지　　지일체여래　어　역　무소
復次法無礙智로 知一切如來의 語와 力과 無所

외　　불공불법　　대자대비　　변재　　방편　　전
畏와 不共佛法과 大慈大悲와 辯才와 方便과 轉

법륜　　일체지지수증　　의무애지　　지여래
法輪과 一切智智隨證하며 義無礙智로 知如來가

수팔만사천중생　심행근해차별음성
隨八萬四千衆生의 心行根解差別音聲하니라

사무애지　　수일체중생행　　이여래음성차
辭無礙智로 隨一切衆生行하야 以如來音聲差

별설　　요설무애지　수중생신해　　이여
別說하며 樂說無礙智로 隨衆生信解하야 以如

이 각각 차별함을 알며, 말에 걸림 없는 지혜로
는 바른 깨달음을 이루는 차별을 설하며, 말하
기를 좋아함에 걸림 없는 지혜로는 낱낱 구절의
법을 한량없는 겁 동안 설하여도 다하지 못한다.

다시 또 법에 걸림 없는 지혜로는 일체 여래
의 말씀과 힘과 두려울 바 없음과 함께 하지
않는 부처님 법과 대자와 대비와 변재와 방편
과 법륜 굴림과 일체지의 지혜로 따라 증득함
을 알며, 뜻에 걸림 없는 지혜로는 여래께서
팔만 사천 중생들의 마음과 행과 근기와 이해
를 따르시는 차별한 음성을 안다.

말에 걸림 없는 지혜로는 일체 중생의 행을

래 지 청 정 행 원 만 설
來智淸淨行圓滿說이니라

불자 보살 주제구지 득여시선교무애
佛子야 菩薩이 住第九地에 得如是善巧無礙

지 득여래묘법장 작대법사
智하며 得如來妙法藏하야 作大法師하나니라

득의다라니 법다라니 지다라니 광조다
得義陀羅尼와 法陀羅尼와 智陀羅尼와 光照陀

라니 선혜다라니 중재다라니 위덕다라
羅尼와 善慧陀羅尼와 衆財陀羅尼와 威德陀羅

니 무애문다라니 무변제다라니 종종의
尼와 無礙門陀羅尼와 無邊際陀羅尼와 種種義

따라 여래의 음성으로써 차별하게 설하며, 말하기를 좋아함에 걸림 없는 지혜로는 중생의 믿음과 이해를 따라 여래의 지혜로써 청정한 행을 원만하게 설한다.

불자여, 보살이 제9지에 머무르면 이와 같은 공교하고 걸림 없는 지혜를 얻고 여래의 미묘한 법장을 얻어서 큰 법사가 된다.

뜻 다라니와 법 다라니와 지혜 다라니와 광명이 비치는 다라니와 선한 지혜 다라니와 온갖 재물 다라니와 위덕 다라니와 걸림 없는

다라니
陀羅尼하니라

여시등백만아승지다라니문　개득원만
如是等百萬阿僧祇陀羅尼門을　皆得圓滿하야

이백만아승지선교음성변재문　　이연설
以百萬阿僧祇善巧音聲辯才門으로　而演說

법
法이니라

차보살　득여시백만아승지다라니문이
此菩薩이　得如是百萬阿僧祇陀羅尼門已하야는

어무량불소　일일불전　실이여시백만아
於無量佛所에　一一佛前에　悉以如是百萬阿

승지다라니문　청문정법　문이불망
僧祇陀羅尼門으로　聽聞正法하고　聞已不忘하야

이무량차별문　위타연설
以無量差別門으로　爲他演說이니라

문 다라니와 가없음 다라니와 갖가지 뜻의 다라니를 얻는다.

이와 같은 백만 아승지 다라니문을 모두 원만하게 하고, 백만 아승지의 공교한 음성과 변재의 문으로써 법을 연설한다.

이 보살이 이와 같은 백만 아승지 다라니문을 얻고는, 한량없는 부처님 처소에서 일일이 부처님 앞에서 다 이와 같은 백만 아승지 다라니문으로 바른 법을 들으며, 듣고는 잊어버리지 않고 한량없이 차별한 문으로 다른 이를 위하여 연설한다.

차보살　　초견어불　　두정예경　　즉어불
此菩薩이 初見於佛하고 頭頂禮敬하야 即於佛

소　　득무량법문　　차소득법문　　비피문지
所에 得無量法門하니 此所得法門은 非彼聞持

제대성문　어백천겁　소능영수
諸大聲聞의 於百千劫에 所能領受니라

차보살　　득여시다라니　　여시무애지
此菩薩이 得如是陀羅尼와 如是無礙智하고

좌어법좌　　이설어법　　대천세계만중중
坐於法座하야 而說於法호대 大千世界滿中衆

생　　수기심락차별위설　　유제제불　　급
生에 隨其心樂差別爲說하나니 唯除諸佛과 及

수직보살　　기여중회　　위덕광명　　무능
受職菩薩하고 其餘衆會는 威德光明이 無能

여비
與比니라

이 보살이 처음 부처님을 친견하고 머리를 조아려 예경하고 곧 부처님 처소에서 한량없는 법문을 얻는다. 이 얻은 바 법문은 저 듣고 지니기만 하는 모든 큰 성문들이 백천 겁에도 알 수 있는 것이 아니다.

이 보살이 이와 같은 다라니와 이와 같은 걸림 없는 지혜를 얻고 법좌에 앉아서 법을 설하되 대천세계에 가득한 중생들에게 그 마음에 좋아함의 차별을 따라서 설한다. 오직 모든 부처님과 직위를 받은 보살들을 제외하고는 그 다른 대중들은 위덕과 광명이 더불어 비할 수가 없다.

차보살　　처어법좌　　욕이일음　　영제
此菩薩이 處於法座하야 欲以一音으로 令諸

대중　　개득해료　　즉득해료　　혹시
大衆으로 皆得解了하야 即得解了하며 或時엔

욕이종종음성　　　영제대중　　개득개
欲以種種音聲으로 令諸大衆으로 皆得開

오
悟하니라

혹시　　심욕방대광명　　연설법문　　혹
或時엔 心欲放大光明하야 演說法門하며 或

시　　심욕어기신상일일모공　　개연법음
時엔 心欲於其身上一一毛孔에 皆演法音하며

혹시　　심욕내지삼천대천세계　　소유일체
或時엔 心欲乃至三千大千世界의 所有一切

형무형물　　개실연출묘법언음
形無形物에 皆悉演出妙法言音하니라

이 보살이 법좌에 자리하여 한 음성으로써 모든 대중들이 모두 분명히 알게 하고자 하여 곧 분명히 알게 되며, 어떤 때에는 갖가지 음성으로써 모든 대중들이 다 깨닫게 하고자 한다.

어떤 때에는 마음으로 큰 광명을 놓아서 법문을 연설하고자 하며, 어떤 때에는 마음으로 그 몸의 낱낱 모공에서 모두 법의 음성을 펼치고자 하며, 어떤 때에는 마음으로 내지 삼천대천세계에 있는 바 일체 형상 있거나 형상 없는 물건에 모두 다 미묘한 법의 말소리를 내고자 한다.

어떤 때에는 마음으로 하나의 말소리를 내어서 법계에 두루하여 모두 분명히 알게 하고자

혹시　심욕발일언음　　주변법계　　실령
或時엔 心欲發一言音하야 周徧法界하야 悉令

해료　　혹시　심욕일체언음　　개작법음
解了하며 或時엔 心欲一切言音으로 皆作法音하야

항주불멸　　혹시　심욕일체세계　소적종
恒住不滅하며 或時엔 心欲一切世界의 簫笛鐘

고　급이가영　일체악성　　개연법음
鼓와 及以歌詠과 一切樂聲으로 皆演法音하나라

혹시　심욕어일자중　일체법구　언음차별
或時엔 心欲於一字中에 一切法句의 言音差別이

개실구족　　혹시　심욕령불가설무량세계
皆悉具足하며 或時엔 心欲令不可說無量世界에

지수화풍사대취중　소유미진　　일일진중
地水火風四大聚中의 所有微塵으로 一一塵中에

개실연출불가설법문
皆悉演出不可說法門하나니라

하며, 어떤 때에는 마음으로 일체 말소리가 모두 법의 소리를 지어 항상 머물러 없어지지 않게 하고자 하며, 어떤 때에는 마음으로 일체 세계의 퉁소와 피리와 종과 북과 그리고 노래와 일체 즐거운 소리가 모두 법의 소리를 펴게 하고자 한다.

어떤 때에는 마음으로 한 글자에 일체 법문 구절의 말소리가 차별함이 모두 다 구족케 하고자 하며, 어떤 때에는 말할 수 없이 한량없는 세계의 땅과 물과 불과 바람의 네 큰 덩어리에 있는 바 미세한 티끌이 낱낱 티끌 중에서 모두 다 말할 수 없는 법문을 연설케 하고

여시소념　　일체수심　　무부득자
如是所念이 一切隨心하야 無不得者니라

불자　　차보살　　가사삼천대천세계소유중
佛子야 此菩薩이 假使三千大千世界所有衆

생　　함지기전　　일일개이무량언음　　이
生이 咸至其前하야 一一皆以無量言音으로 而

흥문난　　일일문난　　각각부동　　보살
興問難호대 一一問難이 各各不同이라도 菩薩이

어일념경　　실능영수　　잉이일음　　보위
於一念頃에 悉能領受하고 仍以一音으로 普爲

해석　　영수심락　　각득환희
解釋하야 令隨心樂하야 各得歡喜하니라

여시내지불가설세계소유중생　　일찰나간
如是乃至不可說世界所有衆生이 一刹那閒에

자 한다.

이와 같이 생각하는 바 일체가 마음 따라 되지 않는 것이 없다.

불자여, 이 보살이 가령 삼천대천세계에 있는 중생들이 모두 그 앞에 와서 낱낱이 모두 한량없는 말소리로 질문을 일으키되 낱낱 질문이 각각 같지 않더라도, 보살이 한 생각 사이에 다 받아들이고 이에 한 음성으로 널리 해석하여 마음에 좋아함을 따라서 각각 환희케 한다.

이와 같이 내지 말할 수 없는 세계에 있는

일일개이무량언음　　이흥문난　　일일문
一一皆以無量言音으로 而興問難호대 一一問

난　각각부동　　보살　어일념경　실능영
難이 各各不同이라도 菩薩이 於一念頃에 悉能領

수　　역이일음　　보위해석　　각수심락
受하고 亦以一音으로 普爲解釋하야 各隨心樂하야

영득환희
令得歡喜하니라

내지불가설불가설세계만중중생　　보살
乃至不可說不可說世界滿中衆生이라도 菩薩이

개능수기심락　　수근수해　　이위설법
皆能隨其心樂하야 隨根隨解하야 而爲說法하며

승불신력　　광작불사　　보위일체　　작소
承佛神力하야 廣作佛事하며 普爲一切하야 作所

의호
依怙니라

중생들이 한 찰나 사이에 낱낱이 다 한량없는 말소리로 질문을 일으키되 낱낱 질문이 각각 같지 않더라도, 보살이 한 생각 사이에 다 받아들이고 또한 한 음성으로 널리 해석하여 각각 마음에 좋아함을 따라서 환희케 한다.

내지 말할 수 없이 말할 수 없는 세계에 가득한 중생들에게도 보살이 모두 능히 그 마음에 좋아함을 따르며 근기를 따르고 이해를 따라서 법을 설하며, 부처님의 위신력을 받들어 광대하게 불사를 지어 널리 일체를 위하여 의지할 바가 된다.

불자　　차보살　　부갱정진　　　성취지명
佛子야 此菩薩이 復更精進하야 成就智明하야는

가사일모단처　　유불가설세계미진수제불
假使一毛端處에 有不可說世界微塵數諸佛

중회　　　일일중회　　유불가설세계미진수중
衆會호대 一一衆會에 有不可說世界微塵數衆

생　　　일일중생　　유불가설세계미진수성
生하며 一一衆生에 有不可說世界微塵數性

욕　　　피제불　　수기성욕　　각여법문　　　여
欲이어든 彼諸佛이 隨其性欲하야 各與法門하시며 如

일모단처　　　일체법계처　　실역여시　　　여
一毛端處하야 一切法界處에 悉亦如是라도 如

시소설무량법문　보살　　어일념중　　실능영
是所說無量法門을 菩薩이 於一念中에 悉能領

수　　무유망실
受하야 無有忘失이니라

불자여, 이 보살이 다시 더욱 정진하여 지혜의 광명을 성취한다. 가령 한 털끝만 한 곳에 말할 수 없는 세계의 미세한 티끌 수의 모든 부처님 대중모임이 있고, 낱낱 대중모임에 말할 수 없는 세계의 미세한 티끌 수 중생들이 있으며, 낱낱 중생에 말할 수 없는 세계의 미세한 티끌 수의 성품과 욕락이 있으니, 저 모든 부처님이 그 성품과 욕락을 따라서 각각 법문을 주신다. 한 털끝만 한 곳에서와 같이 일체 법계의 처소에서 다 또한 이와 같다. 이와 같이 설해지는 한량없는 법문을 보살이 한 생각 사이에 다 능히 받아들여서 잊지 않는다.

불자　보살　주차제구지　주야전근　갱
佛子야 菩薩이 住此第九地에 晝夜專勤하야 更

무여념　유입불경계　친근여래　입제
無餘念하고 唯入佛境界하야 親近如來하며 入諸

보살심심해탈　상재삼매　항견제불
菩薩甚深解脫하야 常在三昧하야 恒見諸佛하야

미증사리
未曾捨離하나라

일일겁중　견무량불　무량백불　무량천불
一一劫中에 見無量佛과 無量百佛과 無量千佛과

내지무량백천억나유타불　공경존중
乃至無量百千億那由他佛하야 恭敬尊重하고

승사공양
承事供養하나라

어제불소　종종문난　득설법다라니
於諸佛所에 種種問難하야 得說法陀羅尼하야

불자여, 보살이 이 제9지에 머물러서는 밤낮으로 오로지 정근하고 다시 다른 생각이 없으며, 오직 부처님 경계에 들어가서 여래를 친근하며, 모든 보살들의 매우 깊은 해탈에 들어가서 항상 삼매에서 모든 부처님을 항상 친견하고 일찍이 떠난 적이 없다.

낱낱 겁에 한량없는 부처님과 한량없는 백 부처님과 한량없는 천 부처님과 내지 한량없는 백천억 나유타 부처님을 친견하고 공경하고 존중하며 받들어 섬기고 공양올린다.

모든 부처님 처소에서 갖가지로 질문하여 법을 설하는 다라니를 얻어 지닌 바 선근이 점

소유선근　전갱명정　　비여진금　선교
所有善根이 轉更明淨하나니 譬如眞金을 善巧

금사　용작보관　　전륜성왕　이엄기수
金師가 用作寶冠하야 轉輪聖王이 以嚴其首하면

사천하내일체소왕　급제신민　제장엄구
四天下內一切小王과 及諸臣民의 諸莊嚴具가

무여등자
無與等者인달하니라

차제구지보살선근　역부여시　일체성문
此第九地菩薩善根도 亦復如是하야 一切聲聞

벽지불　급하지보살　소유선근　무능여
辟支佛과 及下地菩薩의 所有善根이 無能與

등
等이니라

불자　비여이천세계주대범천왕　신출광
佛子야 譬如二千世界主大梵天王이 身出光

점 더 밝고 깨끗해진다.

비유하면 진금을 공교하게 금 다루는 사람이 사용하여 보배 관을 만들어 전륜성왕이 그 머리를 장엄하면, 사천하 안의 일체 작은 왕과 모든 신민들의 모든 장엄거리가 더불어 같을 것이 없는 것과 같다.

이 제9지 보살의 선근도 또한 다시 이와 같아서 일체 성문과 벽지불과 그리고 아래 지위의 보살들이 가진 바 선근이 능히 더불어 같음이 없다.

불자여, 비유하면 이천 세계의 주인인 대범천왕이 몸으로 광명을 내면 이천 세계 가운데

명
明하야　二千界中幽遠之處를　悉能照耀하야　除

기흑암
其黑闇인달하니라

차지보살　소유선근　역부여시　능출광
此地菩薩의　所有善根도　亦復如是하야　能出光

명　조중생심　번뇌흑암　개령식멸
明하야　照衆生心하야　煩惱黑闇을　皆令息滅이니라

차보살　십바라밀중　역바라밀　최승
此菩薩이　十波羅蜜中에　力波羅蜜이　最勝하니

여바라밀　비불수행　단수력수분
餘波羅蜜은　非不修行이로대　但隨力隨分이니라

불자　시명약설보살마하살　제구선혜지
佛子야　是名略說菩薩摩訶薩의　第九善慧地니

약광설자　어무량겁　역불능진
若廣說者인댄　於無量劫에도　亦不能盡이니라

깊고 먼 곳을 모두 능히 비추어서 그 어두움을 없애는 것과 같다.

이 지위의 보살이 지닌 선근도 또한 다시 이와 같아서 능히 광명을 내어 중생의 마음을 비추어 번뇌의 어두움을 모두 없애게 한다.

이 보살이 십바라밀 중에 역바라밀이 가장 수승하다. 다른 바라밀을 닦지 않는 것은 아니나, 다만 힘을 따르고 분한을 따를 뿐이다.

불자여, 이것이 보살마하살의 제9 선혜지를 간략히 설한 것이다. 만약 자세히 설한다면 한량없는 겁에도 또한 다할 수 없다.

불자　　보살마하살　　주차지　　다작이천세계
佛子야 菩薩摩訶薩이 住此地에 多作二千世界

주대범천왕　　　선능통리　　　자재요익　　　능
主大梵天王하야 善能統理하야 自在饒益하며 能

위일체성문연각　　급제보살　　　분별연설바
爲一切聲聞緣覺과 及諸菩薩하야 分別演說波

라밀행　　　수중생심　　　소유문난　　무능굴
羅蜜行하며 隨衆生心하야 所有問難이 無能屈

자　　　보시애어이행동사
者하며 布施愛語利行同事하나니라

여시일체제소작업　　개불리염불　　　내지불
如是一切諸所作業이 皆不離念佛하며 乃至不

리염일체종　　일체지지
離念一切種과 一切智智니라

부작시념　　아당어일체중생중　　위수　　위
復作是念호대 我當於一切衆生中에 爲首며 爲

불자여, 보살마하살이 이 지위에 머무름에 많이 이천 세계의 주인인 대범천왕이 되어 잘 능히 다스려서 자재하게 요익케 하며, 능히 일체 성문과 연각과 모든 보살들을 위하여 바라밀행을 분별하여 연설하며, 중생의 마음을 따라서 있는 바 질문이 능히 굽힐 자가 없으며, 보시하고 사랑스러운 말을 하고 이익하게 하는 행을 하고 일을 같이 한다.

이와 같은 일체 모든 짓는 바 업이 모두 부처님을 생각함을 여의지 아니하며, 내지 일체종과 일체지의 지혜 생각하기를 여의지 아니한다.

다시 이 생각을 하기를, '내가 마땅히 일

승 　　 내지위일체지지의지자
勝이며 **乃至爲一切智智依止者**라하나니라

차보살 　약발근정진 　　어일념경 　　득백만
此菩薩이 **若發勤精進**하면 **於一念頃**에 **得百萬**

아승지국토미진수삼매 　　내지시현백만아
阿僧祇國土微塵數三昧하며 **乃至示現百萬阿**

승지국토미진수보살 　이위권속
僧祇國土微塵數菩薩로 **以爲眷屬**이니라

약이보살수승원력 　　자재시현 　　과어차
若以菩薩殊勝願力으로 **自在示現**인댄 **過於此**

수 　　내지백천억나유타겁 　　불능수지
數하야 **乃至百千億那由他劫**에도 **不能數知**니라

체 중생들 가운데서 상수가 되며, 수승한 이가 되며, 내지 일체지의 지혜에 의지하는 자가 될 것이다.'라고 한다.

이 보살이 만약 부지런히 정진을 하면 한 생각 사이에 백만 아승지 국토의 미세한 티끌 수 삼매를 얻으며, 내지 백만 아승지 국토의 미세한 티끌 수 보살을 권속으로 삼음을 보인다.

만약 보살의 수승한 원력으로 자재하게 나타내 보이면 이 수를 넘어서니, 내지 백천억 나유타 겁에도 세어서 알 수 없다."

이시　금강장보살　욕중선기의　　이설송
爾時에 金剛藏菩薩이 欲重宣其義하사 而說頌

왈
曰

무량지력선관찰　　최상미묘세난지
無量智力善觀察하니 最上微妙世難知라

보입여래비밀처　　이익중생입구지
普入如來祕密處하야 利益衆生入九地로다

총지삼매개자재　　획대신통입중찰
總持三昧皆自在하고 獲大神通入衆刹하며

역지무외불공법　　원력비심입구지
力智無畏不共法과 願力悲心入九地로다

이때에 금강장 보살이 그 뜻을 거듭 펴려고 게 송을 설하여 말씀하였다.

한량없는 지혜의 힘으로 잘 관찰하니

가장 높고 미묘하여 세상에서 알기 어려워

여래의 비밀한 곳에 널리 들어가

중생들에게 이익 주려 제9지에 들어가도다.

다라니와 삼매 모두 자재하고

큰 신통 얻어 온갖 세계에 들며

힘과 지혜와 두려움 없음과 함께 하지 않는 법과

원력과 비심으로 제9지에 들어가도다.

주어차지지법장
住於此地持法藏하야

요선불선급무기
了善不善及無記하며

유루무루세출세
有漏無漏世出世와

사부사의실선지
思不思議悉善知로다

약법결정불결정
若法決定不決定과

삼승소작실관찰
三乘所作悉觀察하며

유위무위행차별
有爲無爲行差別을

여시이지입세간
如是而知入世間이로다

약욕지제중생심
若欲知諸衆生心인댄

즉능이지여실지
則能以智如實知

종종속전괴비괴
種種速轉壞非壞와

무질무변등중상
無質無邊等衆相이니라

이 지위에 머물러 법장을 지니어
선과 불선과 무기를 알며
유루와 무루와 세간과 출세간과
사의와 부사의를 모두 잘 알도다.

법이 결정되었거나 결정되지 않았거나
삼승이 지을 바를 다 관찰하며
유위와 무위의 행의 차별을
이와 같이 알고서 세간에 들어가도다.

만약 모든 중생들의 마음을 알고자 하면
능히 지혜로써 사실대로 알지니
갖가지로 빨리 바뀌어 무너짐과 무너지지 않음과
바탕 없고 가없는 등의 온갖 모양들이다.

번뇌무변항공반
煩惱無邊恒共伴과

면기일의속제취
眠起一義續諸趣와

업성종종각차별
業性種種各差別과

인괴과집개능료
因壞果集皆能了로다

제근종종하중상
諸根種種下中上과

선후제등무량별
先後際等無量別이라

해성낙욕역부연
解性樂欲亦復然하니

팔만사천미부지
八萬四千靡不知로다

중생혹견항수박
衆生惑見恒隨縛하야

무시조림미제전
無始稠林未除翦이라

여지공구심병생
與志共俱心並生하야

상상기계부단절
常相羈繫不斷絶이로다

번뇌가 가없어 항상 함께 짝함과

수면과 일어남이 한 뜻임과 모든 갈래를 이어감과

업의 성질 갖가지로 각각 차별함과

인이 무너지고 과가 모임을 모두 능히 알도다.

모든 근기가 갖가지로 하품과 중품과 상품이고

과거와 미래 등이 한량없이 다르며

이해와 근성과 욕락도 또한 다시 그러하니

팔만 사천 가지를 알지 못함이 없도다.

중생은 미혹과 견해에 항상 따라 얽혀서

비롯함 없는 **빽빽**한 숲을 잘라 제거하지 못하니

뜻과 함께 하고 마음과 아울러 나면서

항상 서로 얽혀 끊지 못하도다.

단유망상비실물
但唯妄想非實物이며

불리어심무처소
不離於心無處所라

선정경배잉퇴전
禪定境排仍退轉이요

금강도멸방필경
金剛道滅方畢竟이로다

육취수생각차별
六趣受生各差別하니

업전애윤무명부
業田愛潤無明覆하며

식위종자명색아
識爲種子名色芽로

삼계무시항상속
三界無始恒相續이로다

혹업심습생제취
惑業心習生諸趣니

약리어차불부생
若離於此不復生이어늘

중생실재삼취중
衆生悉在三聚中하야

혹익어견혹행도
或溺於見或行道로다

다만 오직 망상일 뿐 실물이 아니며
마음을 여의지 않고 처소도 없으며
선정의 경계로 배척해야 이에 물러나니
금강의 도로 없애야 비로소 끝이 나리라.

여섯 갈래에 태어남이 각각 다르니
업의 밭에 애욕이 물 주고 무명이 덮으며
식이 종자 되고 명색의 싹으로
삼계가 비롯함 없이 항상 상속하도다.

미혹과 업과 마음의 습기 여러 갈래에 태어나니
만약 이것을 여의면 다시 태어나지 않거늘
중생들이 모두 삼취 가운데 있어
혹은 견해에 빠지고 혹은 도를 행하도다.

주어차지선관찰
住於此地善觀察하야

수기심락급근해
隨其心樂及根解라

실이무애묘변재
悉以無礙妙辯才로

여기소응차별설
如其所應差別說호대

처어법좌여사자
處於法座如師子하고

역여우왕보산왕
亦如牛王寶山王하며

우여용왕포밀운
又如龍王布密雲하야

주감로우충대해
霔甘露雨充大海라

선지법성급오의
善知法性及奧義하야

수순언사능변설
隨順言辭能辯說이로다

총지백만아승지
總持百萬阿僧祇를

비여대해수중우
譬如大海受衆雨하니

이 지위에 머물러서 잘 관찰하여

그 마음에 좋아함과 근성과 이해를 따라

모두 걸림 없는 미묘한 변재로써

그 응하는 바대로 차별하게 설하도다.

법좌에 자리한 것이 사자와 같고

또한 소의 왕과 보배 산의 왕과 같으며

또 용왕이 빽빽한 구름을 펼쳐서

감로의 비를 내려 큰 바다에 가득함과 같도다.

법의 성품과 깊은 이치를 잘 알아

말에 수순하여 능히 연설하도다.

다라니가 백만 아승지이니

비유하면 큰 바다가 온갖 비를 받아들임과 같도다.

총지삼매개청정
總持三昧皆淸淨하야

능어일념견다불
能於一念見多佛하며

일일불소개문법
一一佛所皆聞法하고

부이묘음이연창
復以妙音而演暢이로다

약욕삼천대천계
若欲三千大千界에

교화일체제군생
教化一切諸群生인댄

여운광포무불급
如雲廣布無不及하야

수기근욕실령희
隨其根欲悉令喜니라

모단불중무유수
毛端佛衆無有數하며

중생심락역무극
衆生心樂亦無極이어든

실응기심여법문
悉應其心與法門하며

일체법계개여시
一切法界皆如是로다

다라니와 삼매가 모두 청정하여
능히 한 생각에 많은 부처님을 친견하며
낱낱 부처님 처소에서 다 법을 듣고
다시 미묘한 음성으로 연설하도다.

만약 삼천대천세계에서
일체 모든 중생들을 교화하고자 하면
마치 구름이 널리 드리워 미치지 않음이 없듯이
그 근기와 욕망 따라 모두 기쁘게 하도다.

털끝에 부처님 대중이 무수하고
중생들의 마음에 좋아함도 또한 끝이 없는데
그 마음에 모두 응하여 법문을 주시며
일체 법계도 다 이와 같도다.

보살근가정진력
菩薩勤加精進力하고

부획공덕전증승
復獲功德轉增勝하야

문지이소제법문
聞持爾所諸法門을

여지능지일체종
如地能持一切種이로다

시방무량제중생
十方無量諸衆生이

함래친근회중좌
咸來親近會中坐하야

일념수심각문난
一念隨心各問難이라도

일음보대실충족
一音普對悉充足이로다

주어차지위법왕
住於此地爲法王하야

수기회유무염권
隨機誨誘無厭倦하며

일야견불미증사
日夜見佛未曾捨하야

입심적멸지해탈
入深寂滅智解脫이로다

보살이 부지런히 정진의 힘을 더하고
다시 공덕을 얻어 점점 더욱 수승해지니
이러한 모든 법문 들어 지니기를
대지가 일체 종자를 능히 지니는 것 같도다.

시방의 한량없는 모든 중생들이
모두 모임에 가까이 와서 앉아
일념으로 마음 따라 각각 질문하여도
한 소리로 널리 대하여 모두 만족케 하도다.

이 지위에 머무름에 법왕이 되어
근기 따라 가르쳐 인도하기에 게으름 없으며
밤낮으로 부처님 친견하여 일찍이 떠난 적 없어
깊은 적멸과 지혜와 해탈에 들어가도다.

공양제불선익명
供養諸佛善益明하니

여왕정상묘보관
如王頂上妙寶冠이요

부사중생번뇌멸
復使衆生煩惱滅하니

비여범왕광보조
譬如梵王光普照로다

주차다작대범왕
住此多作大梵王하야

이삼승법화중생
以三乘法化衆生하며

소행선업보요익
所行善業普饒益하야

내지당성일체지
乃至當成一切智로다

일념소입제삼매
一念所入諸三昧가

아승지찰미진수
阿僧祇刹微塵數라

견불설법역부연
見佛說法亦復然이어니와

원력소작부과차
願力所作復過此로다

모든 부처님께 공양올려 선행이 더욱 밝아지니
마치 전륜왕 정수리의 미묘한 보배 관과 같고
다시 중생들이 번뇌를 소멸하게 하니
비유하면 범왕이 광명을 널리 비추듯 하도다.

이 지위에 머물러서는 많이 대범왕이 되어
삼승의 법으로 중생을 교화하며
행한 바 선업으로 널리 이익되게 하여
내지 장차 일체지를 이루리라.

한 생각에 들어간 모든 삼매가
아승지 세계의 미세한 티끌 수이고
부처님 설법하심을 친견하는 것도 그러하며
원력으로 짓는 것은 다시 이를 넘어서도다.

차시제구선혜지
此是第九善慧地니

대지보살소행처
大智菩薩所行處라

심심미묘난가견
甚深微妙難可見을

아위불자이선설
我爲佛子已宣說이로다

〈大方廣佛華嚴經 卷第三十八〉

이것이 제9 선혜지이니

큰 지혜 보살들이 행하는 곳이라

매우 깊고 미묘하여 보기 어렵거늘

내가 불자들을 위하여 연설하였도다.

〈대방광불화엄경 제38권〉

大方廣佛華嚴經
부록

•

대방광불화엄경 목차

•

간행사

대방광불화엄경
목차

〈제1회〉

제1권　제1품　세주묘엄품 [1]

제2권　제1품　세주묘엄품 [2]

제3권　제1품　세주묘엄품 [3]

제4권　제1품　세주묘엄품 [4]

제5권　제1품　세주묘엄품 [5]

제6권　제2품　여래현상품

제7권　제3품　보현삼매품

　　　　제4품　세계성취품

제8권　제5품　화장세계품 [1]

제9권　제5품　화장세계품 [2]

제10권　제5품　화장세계품 [3]

제11권　제6품　비로자나품

〈제2회〉

제12권　제7품　여래명호품

　　　　제8품　사성제품

제13권　제9품　광명각품

　　　　제10품　보살문명품

제14권　제11품　정행품

　　　　제12품　현수품 [1]

제15권　제12품　현수품 [2]

〈제3회〉

제16권　제13품　승수미산정품

　　　　제14품　수미정상게찬품

　　　　제15품　십주품

제17권　제16품　범행품

　　　　제17품　초발심공덕품

제18권　제18품　명법품

〈제4회〉

제19권 　제19품 　승야마천궁품

　　　　제20품 　야마궁중게찬품

　　　　제21품 　십행품 [1]

제20권 　제21품 　십행품 [2]

제21권 　제22품 　십무진장품

〈제5회〉

제22권 　제23품 　승도솔천궁품

제23권 　제24품 　도솔궁중게찬품

　　　　제25품 　십회향품 [1]

제24권 　제25품 　십회향품 [2]

제25권 　제25품 　십회향품 [3]

제26권 　제25품 　십회향품 [4]

제27권 　제25품 　십회향품 [5]

제28권 　제25품 　십회향품 [6]

제29권 　제25품 　십회향품 [7]

제30권 　제25품 　십회향품 [8]

제31권 　제25품 　십회향품 [9]

제32권 　제25품 　십회향품 [10]

제33권 　제25품 　십회향품 [11]

〈제6회〉

제34권 　제26품 　십지품 [1]

제35권 　제26품 　십지품 [2]

제36권 　제26품 　십지품 [3]

제37권 　제26품 　십지품 [4]

제38권 　제26품 　십지품 [5]

제39권 　제26품 　십지품 [6]

〈제7회〉

제40권 　제27품 　십정품 [1]

제41권 　제27품 　십정품 [2]

제42권 　제27품 　십정품 [3]

제43권 　제27품 　십정품 [4]

제44권 　제28품 　십통품

　　　　제29품 　십인품

제45권 　제30품 　아승지품

　　　　제31품 　수량품

　　　　제32품 　제보살주처품

제46권 　제33품 　불부사의법품 [1]

제47권 　제33품 　불부사의법품 [2]

제48권   제34품   여래십신상해품

          제35품   여래수호광명공덕품

제49권   제36품   보현행품

제50권   제37품   여래출현품 [1]

제51권   제37품   여래출현품 [2]

제52권   제37품   여래출현품 [3]

〈제8회〉

제53권   제38품   이세간품 [1]

제54권   제38품   이세간품 [2]

제55권   제38품   이세간품 [3]

제56권   제38품   이세간품 [4]

제57권   제38품   이세간품 [5]

제58권   제38품   이세간품 [6]

제59권   제38품   이세간품 [7]

〈제9회〉

제60권   제39품   입법계품 [1]

제61권   제39품   입법계품 [2]

제62권   제39품   입법계품 [3]

제63권   제39품   입법계품 [4]

제64권   제39품   입법계품 [5]

제65권   제39품   입법계품 [6]

제66권   제39품   입법계품 [7]

제67권   제39품   입법계품 [8]

제68권   제39품   입법계품 [9]

제69권   제39품   입법계품 [10]

제70권   제39품   입법계품 [11]

제71권   제39품   입법계품 [12]

제72권   제39품   입법계품 [13]

제73권   제39품   입법계품 [14]

제74권   제39품   입법계품 [15]

제75권   제39품   입법계품 [16]

제76권   제39품   입법계품 [17]

제77권   제39품   입법계품 [18]

제78권   제39품   입법계품 [19]

제79권   제39품   입법계품 [20]

제80권   제39품   입법계품 [21]

간 행 사

　귀의삼보 하옵고,

　『대방광불화엄경』의 수지 독송과 유통을 발원하면서 수미정사 불전연구원에서『독송본 한문·한글역 대방광불화엄경』과『사경본 한글역 대방광불화엄경』을 편찬하여 간행하게 되었습니다.

　『화엄경』은 우리나라에 전래된 이래 일찍부터 사경되고 주석·강설되어 왔으며 근현대에 이르러서는『화엄경』의 한글 번역과 연구도 부쩍 많이 이루어졌습니다. 그만큼『화엄경』이 우리 불자님들의 신행과 해탈에 큰 의지처가 되었던 것임을 알 수 있습니다.

　『화엄경』을 독송하고 사경하는 공덕은 설법 공덕과 함께 크게 강조되어 왔습니다. 그리하여 수미정사 불전연구원에서도『화엄경』(80권)을 독송하고 사경하는 데 도움이 되도록 한문 원문과 한글역을 함께 수록한 독송본과 한글역의 사경본『화엄경』간행불사를 발원하였습니다. 이『화엄경』간행불사에 뜻을 같이하여 적극 후원해주신 스님들과 재가 불자님들께 깊이 감사드립니다. 또한『화엄경』을 수지 독송할 수 있도록 경책의 모습으로 장엄해 주신 편집위원들과 담앤북스 출판사 관계자들께도 고마움을 표합니다.

　끝으로 이 불사의 원만 회향으로『화엄경』이 널리 유통되고, 온 법계에 부처님의 가피가 충만하시길 기원드립니다.

　나무 대방광불화엄경

불기 2564년 '부처님오신날'을 봉축하며
수미해주 합장

위태천신(동진보살)

수미해주 須彌海住

호거산 운문사에서 성관 스님을 은사로 출가. 석암 대화상을 계사로 사미니계 수계, 월하 전계사를 계사로 비구니계 수계, 계룡산 동학사 전문강원 졸업, 동국대학교 불교대학 및 동 대학원 졸업, 철학박사, 가산지관 대종사에게서 전강, 동국대학교 불교대학 교수, 동학승가대학 학장 및 화엄학림 학림장, 중앙승가대학교 법인이사 역임.
(현) 수미정사 주지, 동국대학교 명예교수.
저·역서로『의상화엄사상사연구』,『화엄의 세계』,『정선 원효』,『정선 화엄1』,『정선 지눌』,『법계도기 총수록』,『해주스님의 법성게 강설』등 다수.

독송본 한문·한글역
대방광불화엄경 제38권

| **초판 1쇄 발행**_ 2023년 10월 24일

| **엮은이**_ 수미해주
| **엮은곳**_ 수미정사 불전연구원
| **편집위원**_ 해주 수정 경진 선초 정천 석도 박보람 최원섭
| **편집보**_ 무이 무진 지욱 혜명

| **펴낸이**_ 오세룡
| **펴낸곳**_ 담앤북스
　　　　　　서울특별시 종로구 새문안로3길 23 경희궁의 아침 4단지 805호
　　　　　　대표전화 02)765-1251　전자우편 dhamenbooks@naver.com
　　　　　　출판등록 제300-2011-115호
| ISBN_ 979-11-6201-413-4　04220

정가 15,000원
ⓒ 수미해주 2023